备战法考，方法先行 | *PREFACE* 前言

选择比努力更重要，正确的复习方法是决定能否通过法考的重要因素。但是很多考生在开始的时候往往感到迷茫，尤其是2018年司法部进行改革，将司考改为国家统一法律职业资格考试（简称"法考"）后，很多人最先考虑的问题就是自己是否可以报考。面对庞大的法律知识体系、数以万计的法条，考生不知道法考的考试范围是什么，也不知道法考的考查趋势、重点是什么，有的甚至连法考的考试方式都不知道。所以，备考方向错了，再多的努力也只是在做无用功，极有可能出现南辕北辙的笑话。

据报道2020年法考客观题报考人数69万余人，相对于2019年增长了16.8%，这是一个庞大的数字。其中有来自双一流院校的学生，也有普通院校的学生，当然后者的数量无疑占大多数。如果说法考教育培训机构在其中扮演的是一个大讲台的角色，用以削减考生在法律教育水平上的巨大差异，那么这本方法论就是扮演指路人的角色，帮助你在备考的路上少走弯路。众所周知，备战法考的过程不仅仅是知识储备的比拼，更是信息战的比拼。互联网的普及减少了信息不对等的鸿沟，但是面对网上纷繁复杂的信息，考生不仅要有一双甄别真伪的眼睛，而且要耗费大量的时间和精力，而时间无疑是最宝贵的。一本综合性的方法论可以让你在法考的起跑线上快人一步。

本书的特点：

第一，结构清晰。本书共包括两部分内容，即客观题和主观题。每个部分包括常识介绍篇、考情分析篇和备考规划篇三个版块的内容。在常识篇中，会介绍法考的考试方式以及报名资格等方面的问题，也会帮助你梳理市面上的图书和辅导班；考情分析篇会介绍法考改革后它的整体趋势变化。例如，难易程度的变化，侧重点的变化等。除此之外，我们还结合大量考生的经验，悉心地总结了客观题和主观题备战方面的误区；备考规划篇分为在校和在职两个群体，分别制定了两套复习方案作为参考。

第二，适用群体广泛。参加法考的群体来源不同，法学基础也不一样，其中不乏有非法本、法律小白的考生。对于这部分考生，建议通读这本方法论，这样会帮助你对法考有全面的了解。除此之外，无论是一战考生还是二战考生，这本方法论总有适合你的部分。

第三，可操作性强。从资料的选择到详实的复习规划，这本书的内容是在借鉴了大量考生成功经验的基础上编写出来的。能够通过法考的人，无外乎有三个共同点：时间、方法和努力。你能决定的是自己付出多少时间和努力，而方法则以本书为参考。

法考的路是漫长的，过程是艰辛的，但是希望你坚持走到底，偶尔迷失了方向也不要着急，停下来想一想，自己当初为什么出发。

不忘初心，方得始终；初心易得，始终难守！

本书给出的指导和建议仅作为参考，囿于水平，本书难免存在不足与疏漏之处，敬请读者谅解！

CONTENTS **目　录**

备考方法论

国家统一法律职业资格考试

2021年

众合教育 ◎ 编

人民日报出版社

图书在版编目（CIP）数据

国家统一法律职业资格考试备考方法论／众合教育
编. —北京：人民日报出版社，2020.12
ISBN 978-7-5115-6757-4

Ⅰ．①国… Ⅱ．①众… Ⅲ．①法律工作者-资格考试
-中国-自学参考资料 Ⅳ．①D92

中国版本图书馆 CIP 数据核字（2020）第 233410 号

书　　　名：国家统一法律职业资格考试备考方法论
作　　　者：众合教育

出 版 人：刘华新
责任编辑：周海燕
封面设计：赵怡迪

出版发行：人民日报出版社
社　　　址：北京金台西路 2 号
邮政编码：100733
发行热线：（010）65369509　65369527　65369846　65363528
邮购热线：（010）65369530　65363527
编辑热线：（010）65369518
网　　　址：www.peopledailypress.com
经　　　销：新华书店
印　　　刷：大厂回族自治县彩虹印刷有限公司

开　　　本：787mm×1092mm　　1/16
字　　　数：100 千字
印　　　张：6.75
印　　　次：2020 年 12 月第 1 版　2020 年 12 月第 1 次印刷

书　　　号：ISBN 978-7-5115-6757-4
定　　　价：48.00 元

一、报考常识

1. 报考资格

根据 2018 年 4 月 28 日，司法部颁行的《国家统一法律职业资格考试实施办法》（以下简称《办法》）可以得知，国家统一法律职业资格考试报考资格遵循"新人新办法，老人老办法"。

（1）新人新办法（在 2018 年 4 月 28 日实施办法出台后入学考生的报名资格规则）

①具备全日制普通高等学校法学类本科学历并获得学士及以上学位；

[解读] 在 2018 年 4 月 28 日后入学的全日制法本考生有报考资格；针对全日制法本大三考生（考试当年 9 月升为大四）能不能报考的问题，以考试当年司法部发布的"国家统一法律职业资格考试公告"为准，不禁止全日制法本大三考生在读期间报考。

②全日制普通高等学校非法学类本科及以上学历，并获得法律硕士、法学硕士及以上学位；

[解读] 在 2018 年 4 月 28 日后入学的全日制非法本＋法硕或学硕及以上学位的考生有报考资格；此处的法律硕士、法学硕士及以上学位并不限于全日制，也包括非全日制法律硕士（非法学）；针对非法本考生研究生在读期间能否报考的问题，以考试当年司法部发布的"国家统一法律职业资格考试公告"为准，不禁止非法本考生研究生在读期间报考。

③全日制普通高等学校非法学类本科及以上学历并获得相应学位且从事法律工作满三年。

[解读] 在 2018 年 4 月 28 日后入学的全日制非法本＋从事法律工作满三年的考生有报考资格；关于"从事法律工作满三年"的具体要求，详见司法部及各地司法

厅、司法局的相关公告。

（2）老人老办法（在 2018 年 4 月 28 日实施《办法》出台前入学考生的报名资格规则）

①本《办法》实施前已取得学籍（考籍）或者已取得相应学历的高等学校法学类专业本科及以上学历毕业生；

［解读］在 2018 年 4 月 28 日前本科入学或顺利毕业的法本考生有报考资格；此处的高等学校法学类专业本科及以上学历并不限于全日制，也包括自考等非全日制教育。

②高等学校非法学类专业本科及以上学历毕业生并具有法律专业知识的，可以报名参加国家统一法律职业资格考试。

［解读］在 2018 年 4 月 28 日前本科入学或顺利毕业的非法本考生有报考资格；此处的非法学类专业本科及以上学历并不限于全日制，也包括自考等非全日制教育。

［注意］

（1）以上具备国家统一法律职业资格考试报考资格的考生，在不违反《办法》规定的其他报名条件前提下报名资格永久有效。

（2）放宽政策（以 2020 年为例）①：各省、自治区、直辖市所辖自治县（旗），各自治区所辖县（旗），各自治州所辖县；国务院审批确定的集中连片特殊困难地区所辖县（县级市、区）和国家扶贫开发工作重点县（县级市、区，重庆市的 10 个重点县、区除外）；新疆维吾尔自治区所辖的县级市、区（乌鲁木齐市所辖的区除外）；黑龙江省大小兴安岭地区等艰苦边远地区，可以将报名学历条件放宽为高等学校本科毕业。

［解读］以上放宽政策地区考生报考资格的学历条件仅为本科毕业，不限于法学专业，也不限于全日制。

（3）根据《办法》的规定，原则上专科生（无论是全日制、非全日制，法学专业、非法学专业）不再具有报考资格。《办法》第 23 条及《法律职业资格管理办法》对于艰苦边远和少数民族地区的应试人员，在报考学历条件、考试合格标准等方面适当放宽。此处的放宽是否包含部分地区专科学历，及《办法》颁行前专科入学，颁行后本科入学的专升本、专接本等考生是否具有报考资格，请咨询司法部及各地司法厅、司法局。

---

① 摘取自《2020 年国家统一法律职业资格考试公告》。

国家统一法律职业资格考试报考资格说明表

学历		2018 年 4 月 28 日之前入学	2018 年 4 月 28 日之后入学
全日制	法本	可以报考	可以报考
	非法本		不可报考 （需考法硕或有 3 年法律工作经验）
	法硕		可以报考
非全日制	法本		不可报考
	非法本		不可报考
	法硕		可以报考
专科		不可报考	

2．一年两考制度

国家统一法律职业资格考试每年举行一次，分为客观题考试和主观题考试两部分，综合考查应试人员从事法律职业应当具有的政治素养、业务能力和职业伦理。

应试人员客观题考试成绩合格的方可参加主观题考试，客观题考试合格成绩在本年度和下一个考试年度内有效。无须任何操作，成绩自动保留。

当年参加主观题考试没有通过的，第二年可以直接参加主观题考试，不用再参加客观题考试。如果第二年主观题考试仍未通过，则要再次参加客观题考试。

3．考试内容与考查学科

（1）试卷构成

客观题考试共两卷，分为试卷一、试卷二，每张试卷 100 道试题，分值为 150 分，其中单项选择题 50 题、每题 1 分，多项选择题和不定项选择题共 50 题、每题 2 分，两张试卷总分为 300 分。具体考查科目如下。

试卷一：中国特色社会主义法治理论、法理学、宪法、中国法律史、国际法、司法制度和法律职业道德、刑法、刑事诉讼法、行政法与行政诉讼法

试卷二：民法、知识产权法、商法、经济法、环境资源法、劳动与社会保障法、国际私法、国际经济法、民事诉讼法（含仲裁制度）

（2）学科参考分值统计（考生回忆）

年份	卷一分值	刑法	刑诉	行政	国公	宪法	法理	中特	法职	法史
2020	150	39	33	28	4	16	12	8	6	4
2019	150	35	32	24	4	18	15	10	8	4
2018	150	39	30	21	4	17	15	11	9	4

（考生回忆）

年份	卷二分值	民法	知产	商法	经济法	环境法	劳动法	民诉	国私	国经
2020	150	46	8	26	15	6	5	30	6	8
2019	150	45	8	24	15	5	5	34	6	8
2018	150	47	10	29	16	6	5	22	7	8

（考生回忆）

4. 考试时间

国家统一法律职业资格考试的具体考试日期和相关安排在举行考试前 3 个月向社会公布。根据相关工作部署，具体报名日期、考试日期将在当年的考试公告中明确。

一般来说，每年 5 月公布大纲，6 月中旬开始报名，9 月上旬进行客观题考试，考试结束一定期限内公布客观题成绩并进行主观题报名，10 月中旬进行主观题考试，11 月底公布主观题成绩。

如无特殊情况，法考的时间线一般如此。在 2018—2020 年三年法考中，发生了 2 次特殊事件：2019 年是建国 70 周年，9 月原则上不组织大型考试，因此考试提前。2020 年则受新冠疫情影响，考试延期 2 个月时间①。

考试具体时间为：客观题试卷一考试时间为 9：00—12：00，总计 180 分钟；试卷二考试时间为 14：30—17：30，总计 180 分钟。

法考客观题考试关键时间表

年份	报名时间	打印准考证时间	考试时间	成绩公布时间
2020	7 月 28 日至 8 月 12 日	10 月 21 日至 10 月 30 日	10 月 31 日/11 月 1 日	11 月 10 日
2019	6 月 5 日至 6 月 20 日	8 月 21 日至 8 月 30 日	8 月 31 日/9 月 1 日	9 月 7 日
2018	6 月 20 日至 7 月 4 日	9 月 12 日至 9 月 21 日	9 月 22 日	9 月 27 日

---

① 原定 2020 年客观题考试时间为 9 月 5 日/9 月 6 日，主观题考试时间为 10 月 17 日。

5. 其他重要事项①

（1）考试报名的官方网站是什么？

答：报名人员应当在规定期限内登录司法部网站（www.moj.gov.cn）填报个人信息、交纳考试费、下载打印准考证和查询打印成绩。

（2）报名人员在何时可以申请享受放宽政策？

答：符合放宽政策的报名人员，应在报名参加客观题考试时申请享受放宽政策；客观题考试成绩达到全国统一合格分数线的，也可在主观题考试报名时申请享受放宽政策。

客观题考试保留有效成绩人员，符合放宽政策的，报考法律职业资格考试时可以申请享受放宽政策。

对于具有普通高等学校应届大学毕业生回原籍、现役军人复员转业、婚姻关系、工作调动等情形，户籍已迁入放宽报名学历条件地区且主观题考试成绩达到所在地放宽合格分数线的，可以在申请授予法律职业资格时向户籍所在地市级司法行政机关书面申请享受放宽政策。

（3）如何修改本人报名信息？

答：报名人员在交费前发现填写的个人报名信息有误的，可以修改报名信息。交费成功后，姓名、身份证信息、学历及报名地等主要信息不可以修改，确有错误需要修改的需与报名地司法行政机关联系。

客观题考试保留有效成绩人员报名确认参加主观题考试时，除因申请享受放宽政策、选择变更考区以及个人姓名、身份证信息错误需要修改外，其他报名信息不可修改。

（4）客观题考试实行分批次考试方式，应试人员能否选择考试批次？

答：客观题考试采用计算机考试形式，实行分批次考试方式，每名应试人员只参加其中一个批次考试。报名地司法行政机关按各考区机位数量和报考人数等随机确定应试人员考试批次，应试人员不能自行选择考试批次，考试批次和时间在准考证上注明。

［提示］客观题考试为花卷形式，即打乱学科顺序随机出题。

（5）报名人员如何进行咨询？

答：关于国家统一法律职业资格考试的具体事宜，报名人员可登录司法部网站查询司法部发布的国家统一法律职业资格考试公告和各地司法行政机关公告。如有不清楚的问题，也可以拨打报名网站公布的司法部及各地司法行政机关咨询电话进

---

① 摘取自《2020年考试公告相关政策问答》。

行咨询，或者登录司法部网站咨询。

二、资料常识

（一）官方图书介绍

1.《国家统一法律职业资格考试大纲》（以下简称《考试大纲》）

《考试大纲》是法考命题的范围依据，每年的大纲都会新增、修改部分内容，新增和修改的内容往往也是本年度法考命题的热点。

[注意]

（1）《考试大纲》一般主要供法考讲师修订图书、讲义时使用，对考生备考而言意义不大；

（2）《考试大纲》公布后，培训机构一般都会对《考试大纲》进行解读直播，对其中有变化的重点内容进行解读；

（3）虽然每年有大量的法律法规出台，但并不是所有法律都具有法考层面的考查意义。即便是新出台的重要法律，只要未收录进《考试大纲》就不具有考查价值，比如《电子商务法》；

（4）《考试大纲》出台之前公布的具有法考考查价值的法律法规，机构和老师一般都会提前纳入教材或授课中，或进行相关解读。

2.《国家统一法律职业资格考试辅导用书》（以下简称《辅导用书》）

《辅导用书》① 分为四卷，俗称"四大本"，由国家统一法律职业资格考试辅导用书编辑委员会编著。

第一卷：包含中国特色社会主义法治理论、法理学、宪法、司法制度和法律职业道德；

第二卷：包含刑法、刑事诉讼法、行政法与行政诉讼法；

第三卷：包含民法、商法、民事诉讼法与仲裁制度；

第四卷：包含中国法律史、经济法、环境资源法、劳动与社会保障法、知识产权法、国际法、国际私法、国际经济法。

《辅导用书》篇幅绵长，当下最主要的作用也是供法考讲师编写和修订图书、讲义。

---

① 2020年版《辅导用书》编者按学科顺序依次为：查庆九、宋功德、付子堂、舒国滢、王夏昊、梁迎修、雷磊、李红勃、韩大元、刘茂林、周叶中、于文豪、秦小建、蔡武进、高其才、许身健、陈泽宪、张明楷、李立众、陈卫东、宋英辉、郭云忠、何挺、郝银钟、刘计划、马怀德、杨伟东、王利明、温世扬、李永军、姚新华、唐勇、王叶刚、缪宇、朱凡、武亦文、刘凯湘、王卫国、于莹、李东方、郭瑜、潘剑锋、唐力、刘哲玮、乔欣、赵晓耕、王卫国、孙虹、管晓峰、刘剑文、赵红梅、金英杰、张耕、秦晓程、黄进、杜志华、肖永平、郭玉军、宋连斌、张丽英、韩立余。

尤其是在进入法考时代后，试题"案例化""实务化"趋势明显，如考生固执地使用《辅导用书》进行复习只会徒增压力与复习量。

《考试大纲》及《辅导用书》历年出版时间①

考试年份	2020	2019	2018	2017	2016	2015
出版日期	6月28日	4月28日	5月13日	5月18日	5月9日	5月19日

3.《试题解析汇编（2013—2017）》

在司考年代，司法部每年都会将当年司法考试的真题出版，即《国家司法考试试题解析》。

从2016年开始，司法部开始出版《试题解析汇编》一书。该书由司法部国家司法考试中心组编，分为3册，囊括近五六年真题，包含客观题与主观题部分。目前来看，此书是唯一由官方出版的真题图书。

第一分册：包含中国特色社会主义法治理论、法理学、宪法、中国法律史、国际法、司法制度和法律职业道德、刑法；

第二分册：包含刑事诉讼法、行政法与行政诉讼法、民法、知识产权法、商法；

第三分册：包含经济法、环境资源法、劳动与社会保障法、国际私法、国际经济法、民事诉讼法与仲裁制度、主观题。

该书由司法部国家司法考试中心邀请部分曾参与过国家司法考试命题工作的法学专家编写，仅就法律法规的最新变化对参考答案及解析内容进行修订，其他内容则基本保持原貌。

由于法考时代司法部不再公布真题与答案，为保证时效性，《试题解析汇编》仅选编近5年的真题。该书的编写体例也较为特殊，采用的是学科框架下的年份降序收录模式。对于学有余力的同学来说，可以考虑购买此书进行巩固学习或查阅。

需要提醒各位考生的是，购买此类真题图书时，请认准"国家司法考试中心"或"国家司法考试司"字样。诸如"国家司法考试命题研究组""国家统一法律职业资格考试试题研究中心"等具有迷惑性署名的真题图书，答案解析的正确性与时效性可能没有保障。

（二）机构图书介绍

机构出版的图书遵循严格的复习时间线，把漫长的备考周期切割为一个个彼此独立又相互关联的复习阶段，主干阶段有对应的视频课程。

---

① 以上数据源自《考试大纲》《辅导用书》出版单位法律出版社媒体平台。

1. 先修系列

先修也叫导学，内容一般为部门法总则或纲领性重要内容。先修教材的意义在于帮助考生迅速搭建学科框架，熟悉法考各部门法的学科特点，建立对法考的初步认知，为后续的全面复习打下基础。

我校的先修图书名为《专题讲座·先修卷》，市面上其他同类图书一般冠以"导学"等称谓。

先修图书一般在前一年法考客观题成绩公布之后就会陆续出版。先修图书亦是学习包的开篇之作，学习包包含先修、精讲、真题、背诵版等多个课程阶段，每一类图书都有对应视频课程。对于不了解法考及投入有限的考生来说，按部就班地使用学习包进行备考是不错的选择。

2. 精讲系列

精讲教材是法考备考过程中最全面、最细致、最系统的知识类图书，在内容上几乎覆盖了《考试大纲》列举的全部考点。

进入法考时代后，试题考查的"难度"与"广度"逐年上升，这也要求考生在备考过程中树立"全面"的复习观。尤其是在备考前期，要进行"地毯式"的复习，把所有死角全部"打扫干净"。精讲教材对于知识点的阐述非常细致入微，援引案例也都层层递进、贴合考试。可以帮助考生在第一轮复习中夯实基础，为后续进一步的精准复习做好准备。

我校的精讲图书名为《专题讲座·精讲卷》，市面上其他同类图书一般也称为"精讲卷"或"理论卷"。精讲教材通常在考试当年1—3月就会陆续出版，部分学科由于新法出台等原因可能会延期出版。

3. 真题系列

真题是法考的生命线，在法考备考过程中发挥着举足轻重的作用。

在学习过知识点后，需要及时刷题进行巩固。通过做真题，可以有效检验前一阶段的学习效果。对知识掌握的不足之处也能有清楚的认知，便于后续及时调整，进行针对性补强。

法考客观题的真题图书主要有三种：①按照学科划分的分类真题；②按照年份收录的分年真题；③精选重点试题的精粹真题。

（1）分类真题

分类真题由法考老师编著，将同一考点项下的考题汇集在一起，便于考生按照章节体系逐步进行检测。分类真题的解析一般都较为细致，对重难点问题及高频共性问题还会有技巧性总结。考生自我检测主要使用的也是这类真题。

分类真题选择的标准：真题的解析部分注重知识点的回顾与一定的拓展，这是选择分类真题的重要准则。具体而言：

①解析相对详实：无论几月开始复习，真题都是必需品，如果解析只给出简要分析，会造成考生对考点的理解和运用发生偏差。如过分简略，考生在对知识点的理解和记忆程度还比较浅显时，需要去翻看教材。

②结合题干解析：一本好真题书的解析，不是法条的简单罗列，需要结合题干进行条分缕析，培养良好的分析能力比真题对错更有意义。

③尊重官方答案：关于试题答案，一般情况而言，除新法修改导致题目答案变更（新法修正）外，无须质疑命题人观点（司法部答案）。

④全其全简其简：分类真题主要任务在于展示特定知识点在历年考试中被考查的状况，因此需要足够数量的试题才能更好地反映出客观规律以及考法。此外，一些因新法变更，设题环境不同，用新法解析会变得牵强奇怪的旧题，必须放弃。

我校的分类真题图书名为《专题讲座·真金题卷》，市面上其他同类图书一般也称为"真金题"或"真题"。由于法考改革后，司法部不再公布真题和答案，分类真题图书中收录的2017年及之前的题目称为真题，2018—2020年的题目为回忆版真题称之为金题。

（2）分年真题

分年真题一般由机构组卷，并依据法考时代的考试特点对收录形式进行了调整。司考年代的客观题为3卷，法考年代的客观题为2卷，如果仍旧单纯的直接收录司考真题，则会大大地降低分年真题套卷的使用效果。

所以，现在市面上的分年真题套卷大多数是按照法考年代2卷的分值比例，将司考年代的3卷改为2卷，也即"3改2"。这样一来，便可将分年真题套卷考前模拟检测的作用最大化。

一般此类真题图书对于司考年份的选题方案有两类：①不突破年份的限制，将单独司考年份的试题3卷变2卷，300题变200题；②突破年份的限制，甄选历年真题后，按照标准试题200题组卷。

我校的《客观题全真模拟试卷》采取第二种方式，分为4套8卷，是按照"3改2"形式重新组卷的新型套卷，外加最新回忆版真题后融合成卷。

基于此，《客观题全真模拟试卷》精选了历年真题中有价值的部分，严格按照法考真题分值配比进行打乱重组，最大限度地保证试卷内容的合理性。

[注意]

（1）随着立法废旧立新，有些多年前的题目已经失效，即便用现在的新法强行解析旧题也会显得牵强、奇怪，而且相关知识点也不会再考。

（2）有些题目存在错误和争议，甚至没有正确答案，做起来不仅迷惑且无用。

有些题目在当年是由于新法的颁布而进行了考查，但此后再没考过。

（3）基于重者衡重的原因，很多客观题的经典设题模式与经典考查角度会不断重复出现。

分年真题一般在5—7月出版，供考生考前熟悉法考客观题试题"标准形式"进行自我检测。

（3）精粹真题

精粹真题精选的是历年真题中精选的重点真题、高频错题，具有很强的代表性。该类真题一般具有以下的特点：

①匹配暑期时间，具体到暑期知识点学习阶段的每一天，讲练结合。此种做法满足了暑期才开始复习法考的考生及时消化课堂上所学知识的需求，亦实现了部分考生二轮刷题的目的。

②此类图书一般依托各机构APP刷题大数据，甄选经典试题、高频错题，并标记全站错误率。精粹真题的题量较少，所选试题皆为极具代表性的重点试题和高频错题，具有明显的考查方向指引作用。

同时，由于客观题实行全面机考的缘故，平时利用碎片化时间手机刷题及考前上机模考，就显得格外重要。

竹马法考APP可以有效地帮助考生合理利用碎片化时间集中进行刷题训练，网页版则支持上机模考助力考生适应机考形式。

4. 背诵系列

在法考中背诵版是一个概括性称谓，指的是一系列内容较为精练的图书。

背诵版浓缩了教材的精华部分，增加了《考试大纲》新增和修订的考点，去除了一些烦琐的案例。将知识点以表格形式按照章节体系一一罗列，并设置总结板块归纳客观题技巧规律，在逻辑和观感上都较受考生欢迎。

配套课程方面，背诵版课时充足，对于已经使用精讲教材复习过一轮的考生，可以使用背诵版进行更精准、更深入的二轮复习。对于尚未开始复习的考生，也可直接使用背诵版进行第一轮复习。

我校的背诵版图书名为《专题讲座·背诵卷》，市面上其他同类图书一般也带有"背诵"或"精粹"字样。由于要囊括新《考试大纲》的变化，背诵版的出版日期须参考《考试大纲》的上市时间，一般为每年的6月末—7月初。

5. 模拟系列

客观题模拟题图书，一般是由机构核心名师进行编写。在法考中模拟题具备双重作用：

一是针对《考试大纲》新增法律、新修考点进行预测性命题，保证考生对于重点、热点问题能够及时消化；

二是由于法考客观题难度逐年攀升，考题的灵活性不断增加，模拟题可以起到拔高的作用，让考生在考场上能够适应考题的难度。

高质量模拟题往往能在考试中"命中"多道考题，帮助考生有效拿分、斩获高分，顺利通过客观题考试。

我校的分科模拟题名为《143 题》，由技术流名师团编著，市面上其他同类图书还有《168 金题》等。模拟题一般在每年 6—7 月出版。

6. 冲刺系列

冲刺套卷，即全仿真模拟试卷，是客观题备考后期为考生准备的实战演练试卷。完全按照法考各科分值比例编写，适合考生做最后的模考测试、查缺补漏，清除考前盲点。

我校的冲刺套卷名为《最后冲刺模拟试题（红腰带）》，一般在 7 月下旬—8 月初出版。市面上还有《客观题 AB 卷》等同类产品。

7. 法条系列

客观题法律法规图书主要有两种：

（1）法律法规汇编，8 册对应 8 大部门法。

（2）重点法条解读，一般为 1—3 册。

法条是客观题许多题目的直接命题来源，对于重点法条考生应保证熟悉。尤其是诉讼法这类对法条依赖性较强的学科，掌握了必考法条即攥紧了这类考题的分值。

我校的客观题法律法规图书名为《必读法律法规汇编》，市面上其他同类图书还有《法律法规一本通》《法律法规汇编》等，重点法条解读图书主要有《法考应试重点法条解读》等。法律法规图书出版时间一般较早，后续如法律进行重大修改，机构也会补发相应的电子增补版。

客观题图书配课说明表

图书种类	先修教材	精讲教材	分类真题	分年真题
是否配课	是	是	是	否
图书种类	背诵版	模拟题	冲刺卷	法律汇编
是否配课	是	是	否	否

第二部分 *PART TWO* 客观题考情篇

一、法考客观题总体趋势总结

1. "因例设题"比重持续加大

司考改为法考后，因例设题是一大明显趋势。司法部相关领导与部分学者在谈及由一次考试改为主观题与客观题分开考试的原因时表示，虽然原司考 4 张试卷 2 天连续考完便于考生一次性通过考试，但也存在部分考生通过突击摄取记忆性知识、快速获得应试能力并高分通过的情形，这说明原有考试制度僵化、未能充分考查出考生在法律事实认定和法律适用方面的能力。

持续加大案例题目比重的目的也在于化解前述问题：实践中的案例其具体情节并非和知识点一一对应，使用实际案例作为考查资料，既保证考查内容的总体仍在考试范围内，但题目已经不是直接地考查知识点本身，又真正考验考生能否掌握并熟练运用每个知识点进而从错综复杂的事实中理清法律关系、做出合理判断。

需要注意的是，虽然案例题的考查主要通过主观题体现，但案例题的比重加大这一趋势亦体现于客观题的命题之中，如 2019 年法考客观题就出现了大量戏剧化的生活实际案例，如人哥抛弃重病妻子与寡妇弟妹同居等。

考生若想充分锻炼解答案例型题目的能力，不仅要在法考备考阶段认真研习各种案例题目，更要结合社会热点，经常地站在客观中立第三方的角度梳理一遍各类事件中的法律关系进而得出自己的独立见解，虽此种独立见解可能并不完全正确，但在此过程中案例分析的能力必定得到了提升。此外要重视对最高人民法院、最高人民检察院发布的指导性案例的学习，注重对指导性案例涉及的知识点和裁判思路进行分析与掌握。

当然，随着案例题目比重的持续加大，总体题目的难度也必然随之上升，考生必须有充分的理论知识储备与心理准备方能有效应对。

2. "开放性试题"数量增多

法考改革明确要求"多出活题、不设标准答案"。在司考时代，常有考生针对刑法题目询问："这位老师是什么学说派别的？另一位老师是什么学说派别的？我要根据哪个学派的观点来作答？"

近年法考这类问题已不复存在，在客观题中如果出现不同学说的考查，一般会提示学生应根据某种学说的观点选择相应的正确答案，主要考查考生的逻辑推理能力。

而在主观题中，更多的是会给学生留下一定自由讨论的空间，允许依据不同学说进行阐述。以2019年法考的刑法金题为例（2019金题-1-28）：

甲欲杀乙，对乙实施暴力，乙基于正当防卫而对甲实施伤害行为。路过的丙误以为乙对甲实施非法的暴力侵害，出于对甲之前的仇恨，帮助乙殴打甲，乙以为丙是见义勇为。乙、丙二人将甲打成重伤。下列说法正确的是？

A. 因为乙、丙的动机不一致，所以不论采取哪种学说，乙、丙都不能成为共犯

B. 乙出于防卫的意图，虽然将甲打成重伤，亦成立正当防卫

C. 不管根据哪种学说，都不能以丙的行为来定义乙的行为

D. 如果认为正当防卫不需要有防卫意图，丙的行为亦成立正当防卫

[解析] A 错误。关于共同犯罪的成立，存在不同的学说，包括犯罪共同说、部分犯罪共同说、行为共同说。不同学说的区别的实质在于，各行为人应达至何种程度的"共同"，才能以共同犯罪论处。本案中，乙是基于防卫的想法（并无犯罪故意），丙是基于犯罪的想法，如果认定共同犯罪要坚持犯罪共同说，则乙、丙不成立共同犯罪。但是，如果认为，只要客观行为上是共同的，二者成立共同犯罪。因此，乙、丙二人的客观行为"共同"导致"重伤"结果，乙、丙二人就成立共同犯罪。

B 正确。乙主观上有防卫意识，没有犯罪的故意，并且，结果并没有过当。因此，成立正当防卫。

C 正确。丙的行为在客观上制止了甲的不法侵害，但丙主观上并没有防卫的想法，而是基于报复的想法，这属于偶然防卫。对于偶然防卫，理论上存在两种观点：一种观点认为，只要客观上制止了不法侵害，无论行为人主观上是否有防卫意图，都成立正当防卫；另一种观点认为，成立正当防卫，必须要有防卫意图，偶然防卫不成立正当防卫。

但是，无论根据何种学说，肯定或否定丙成立正当防卫，对丙的行为的认定都不影响对乙的行为的认定。乙主观上具有防卫意图，成立正当防卫。

D 正确。本项中丙的行为在客观上制止了不法侵害，主观上没有防卫意图。如何处理在理论上存在两种观点：①如果认为正当防卫需要主观上的防卫意图，那么丙的行为便不成立正当防卫，丙具有伤害的故意，可能涉及故意伤害罪；②如果认

为正当防卫不需要主观上的防卫意图，丙的行为成立正当防卫。

综上所述，本题答案为 BCD。

上述例题就是典型开放式问题。要求学生依据不同的学说观点判断，这既是考查学生能力的必然要求，也是法律职业资格考试在考题设置时贴近现实情况的表现。现实生活领域内复杂的案例并不会仅有一个明显正确的标准答案，基于不同学科的立场，甚至同一部门法内的不同法条都可能从不同的角度推导出一个颇具道理的正确答案。而对于某些理论界早已存在争议或者理论界与实务界观点差异明显的题目，更多的还是考查学生的基础知识是否扎实，不必过多担心。

3. 2020 年法考客观题侧重点分析

（1）考情回顾

卷一部分：集中对公法进行考查，包含的科目有刑法、刑事诉讼法、行政法与行政诉讼法、国际公法、宪法、法理学、中国特色社会主义法治理论、司法制度和法律职业道德、中国法律史。

行政法学科的分值比重得到了大幅增加，重点考查了行政诉讼、行政复议、行政许可、行政处罚、行政强制措施等内容，二批次的考卷对公务员法和国家赔偿等内容也略有涉及。

与之对应，作为法考改革后前两年的重头戏，理论法学科（包括宪法、法理、中特、法职、法制史 5 科）分值比重下降趋势明显。其中，宪法、法理、中特、法职 4 个部分分值都较往年有所下降，但法制史部分的分值却不降反升（客观题两批次考试都仅考查了中国法律史，未涉及同时期西方法文化背景部分）。

刑法学科的分值比重较往年略有下降，但总体上延续了过往考试刑法的出题思路。考查的重点（构成要件、犯罪形态、共犯、人身犯罪、财产犯罪、贪污贿赂犯罪）和出题思路（题干是小案例的形式，选项涉及定罪量刑的分析）均无太大变化。虽然部分涉及刑法观点展示，但此类题目的数量有限，并且侧重对常规知识点的考查，对此，2021 年的考生不必过于担心。

刑诉学科的分值比重较往年略有上升。最大的亮点是对《考试大纲》新增的考点进行了着重考查，尤其是认罪认罚程序、人民陪审员制度、《人民检察院刑事诉讼规则》（以下简称"《高检规则》"）修改部分、《社区矫正法》部分，涉及的分值占到整个刑诉法分值的近一半。另外，刑诉的题目没有脱离原有的考查重点（证据、侦查、起诉、一审、二审、再审），没有出现过于偏、难、怪的题目，对这部分知识点，只要能夯实基础，就能拿到相应的分数。

另外，国际公法延续了前两年的分值比重，稳定在 4 道题左右。这部分涉及的分值较少，出题的重点也较为稳定，不需要进行针对性调整。

　　卷二部分：民法、民事诉讼法、国际私法、国际经济法、商法、知识产权法、经济法、环境资源法、劳动与社会保障法。

　　民法学科的分值比重较往年略有下降。最值得注意的是，对《民法典》新增内容进行了集中性考查（据一批次的考生反馈，《民法典》新增内容考查的不多，但二批次的考生反映《民法典》新增内容所占比重较大）。在具体考查内容上，民事法律关系、物权变动、债权转让、买卖合同占绝大多数分值，婚姻、继承部分所占比重相对较小。相信在今后几年的民法题目中，《民法典》及相关司法解释仍会是考查的重点内容。相对于传统民法重点部分命题的深度和难度，《民法典》新增内容的考查难度有限。对新增内容进行重点掌握，仍然是民法学科性价比非常高的拿分方式。

　　民诉学科的分值比重较往年略有上升。根据 2020 年考生的普遍反馈，民诉法的出题难度相较往年有一定增加。作为往年法考的"拿分科目"，民诉一直以来都以其知识体量适中、难度相对友好、考场上容易拿高分等特点广受考生青睐。但是，结合今年的形势来看，民诉也不再是单纯的"背多分"科目。不仅考查考生对相关程序法规定的精准记忆，也考查考生对相关知识点的理解、运用能力。民诉题目中很多知识点，都是结合审判实务中的疑难案例命题，考查的是考生结合实际与基本原理分析问题的能力。这无疑对考生们提出了更高的要求！

　　商法科目的分值比重较往年没有太大变化。在考查内容方面，公司法、票据法占据了绝大多数分值，破产法、合伙企业法及其他小法的题数非常有限。票据法无疑是今年商法学科中最大的黑马，根据考生反馈，票据法的题目保持在 4 道左右（往年票据法仅 1 道考题，题目数量增加得非常明显）。就公司法而言，考查的重点仍然集中在公司的设立、出资、股权转让和股东权利等方面，尤其是股东权利救济的各种诉讼，几乎是每年的必考考点，一定要重点掌握。

　　经知环劳法学科（经济法、知产法、环境法、劳动法）的分值比重较往年略有上升，作为传统的"背多分"学科，经济法、环境法和劳动法的考查方式也有一定变化。一是结合当年的时事热点，比如 2020 年的新冠疫情、卫生防疫等方面的内容在题目中出现，此类题目实际上是披着热点的外衣，考查的仍是常规考点；二是虽然题目仍侧重对记忆方面内容的考查，但考查得越来越细致，对记忆细节的要求也越来越高。换言之，对于这些法律的知识体系，绝对不能停留在大致轮廓层面，对边边角角的内容也要有所掌握。

　　最后，国际私法和国际经济法两个小学科延续了前两年的分值比重，稳定在十几道题左右。其中，国际私法中法律适用部分每年都会考查，一定要在考前进行冲刺记忆。而国际经济法部分，国际贸易术语的修改部分得到了命题人的"重点照顾",考生们对新修的热点内容一定要格外注意。

(2)考情总结

总体而言,客观题延续了过去两年的命题思路。在题目内容上,各科的重点考查内容并未脱离传统的重点范围;在命题方式上,仍然保持以小案例的方式对考生的判断分析能力进行考查。

但客观题还是出现了一些值得关注的新变化,具体如下:

首先,法考题目整体呈现难度加大趋势。

根据2020年法考客观题参考人员的普遍反馈,无论是上午还是下午,法考整体的出题难度较往年有所加大。

一种比较普遍的现象是:面对考题的4个选项,考生往往能够利用知识储备对一到两个选项做出有把握的判断,但是对剩下的选项却很难做出准确判断,纠结一段时间,最终也只能凭感觉做出选择。

其次,试卷一各学科分值比重出现了较大变化。

卷一各学科中,历年来,理论法属于公认的好拿分科目,尤其是中国特色社会主义法治理论的相关内容,考生们对依法治国理念有基本的认知,在考场上基本上是不会失分的。但2020年理论法的分值比重被一定程度压缩,对应的分值被添加到行政法和刑诉法部分。这无异于变相增加了卷一的拿分难度,加大了考生们复习的压力。这一部分需要大家格外地注意。

而且,就2020年法考客观题考情来看,行政法属于重点学科,放弃行政法的做法无异于一场豪赌。虽然在2018年和2019年法考客观题的卷一中,行政法的分值比重在一定程度被压缩,但是,对于参加2020年考试的同学们而言,放弃行政法的复习所遭受的必然恶果就是在考场上遭受当头一棒。面对较前两年增加许多的行政法题目,完全没有复习这一科目的同学不仅会白白浪费这部分分数,也会对其他科目的答题产生消极的心理影响。

因此,不能拿自己全年复习付出的时间和精力豪赌,不放弃每一个学科全面复习才是通过法考的不二法门。

再次,卷二各学科的考查难度出现了较大变化。

卷二在各学科的分值比重方面并没有发生太多变化,而是加大了整体的考查难度。卷二难度的增加可以从两个维度来分析,一是考查的细致程度,二是考查的广度。

体现考查细致程度的是民诉法和公司法。简单来说,考生们常说的"不考原则考例外,不考常态考变态"在这两个科目中体现得非常明显。

例如,公司法中有限公司股权转让的优先认购权几乎是一个所有考生耳熟能详的考点，但是在实际的考试选项中涉及的是，优先转让是否必须采取书面通知的形式，优先转让的行使期限是多长时间。相信这些知识点，大家如果复习时没有留意的话，在考场上是很难回想起来的。这也正是民诉法和公司法考查的难度所在。

体现考查广度的是经济法、劳动法和环境法部分。众所周知，这3部法律是由很多细碎的"小法"组合起来的，各个"小法"之间没有完整的体系框架，知识点之间也没有形成紧密的联系，背起来非常的痛苦。即便是花非常大的力气把这些点都记下来，也维持不了太长时间。

例如，作为传统冷门学科的票据法，今年一反常态，涉及的题目达到四五道之多。这样的变化确实是在考前很难预料到的，如果这一部分内容之前没有做针对性的准备，在考场很容易感到茫然失措。

二、备战法考客观题的误区

在备战2021年法考客观题过程中，同学们不免会参考一些备考经验。虽然这些备考心得、体会确实有一定借鉴意义。但是，在法考这两年经历较大变化的基础上，很多往年行之有效的方法并不适应当前法考改革的大方向。同时，每个人的学习情况和学习习惯都不尽相同，如果一味地追求别人过关的"独门绝技"，只怕会导致自己"走火入魔"。因此，需要对一些备战法考中的常见误区加以具体说明，希望能帮助同学们建立起正确的备考方法论。

1. "重讲义，轻图书"：过度追求知识点的"轻薄""精练"

很多同学在复习的过程中，对老师的内部讲义青睐有加，但经常忽视机构的系列图书。确实，讲义与图书相比要显得友好很多，薄薄的几十页纸就浓缩了一个部门法的精华考点。没有密密麻麻的文字，学习起来明显要轻松很多。但是，相信很多同学刚一迈入法学院的大门就听说过，法律是极其重视基础的学科。可以说每一位在法学领域取得造诣的学者内功都非常深厚，需要很多年的积累才能取得今日的成就。而现在的考生们都是抱着急功近利的心态参加考试，喜欢"短、快、灵"，试图用最少的时间和精力通过法考。这种做法无论是从当前应试还是未来长远发展的角度来看都不可取。

从应试的角度来说，"基础不牢，地动山摇"。虽然内部讲义是浓缩后的考点精华，但是即便记忆浓缩后的考点也是建立在对基本知识掌握的基础上。如果你没有扎扎实实地掌握精讲图书中的基础就开始对着内部讲义一通乱背，也只是"知其然，不知其所以然"，最终产生的效果和建造空中楼阁没有太大差别。想通过这种办法"混"过法考其实存在很大的不确定性，绝对不是一种值得提倡的做法。在这里，想要和同学们强调说明的是，内部讲义不是不能用，关键是什么时候用。如果你已经在前面的阶段对图书的内容有所掌握，最后用内部讲义搞定法考得分的"最后的一百米"是没有问题的。但是，如果你前面完全是零基础，上来就用内部讲义"练心法"，最终的结果就是把"九阴真经"练成"九阴白骨爪"，得不偿失。

2."重程序，轻实体"：盲目放弃，一味追求"背多分"学科

法考备考中，历来有一些"重程序，轻实体"的备考思路，在备考过程中过早的放弃了民法、刑法、行政法三大实体法，单一地"死磕"程序法。这其实是第一次参加法考的同学非常容易陷入的误区。

这些误区的产生原因在于，实体法考查的理论深度往往较大，需要记忆+原理+运用，相应在考场上得分的难度也要高很多。

相比之下，程序法的内容虽然也很琐碎，但是通过老师总结归纳并提取出考点精华，加上同学们考前冲刺记忆，在考场上得分的把握要大很多。而且，像理论法、经济法、环境资源法以及劳动和社会保障法这些部门法，本身没有太多理论性的内容，强调记忆的准确性，多背多得分。这些科目成为很多同学考前冲刺的"必杀技"，更有甚者会完全放弃实体法的复习，完全依靠考前冲刺记忆程序法和"背多分"学科。

但是，以上做法并不可取，尤其是在2020年法考客观题分值比重和出题思路都进行较大调整的背景下，这种做法很有可能会产生适得其反的效果。2018年法考"大变革"和2020年法考"小变化"的改革思路非常一致，逐步摒弃原有单纯对考生记忆情况进行考查的出题模式，侧重考查考生利用已有知识对案情进行分析判断的能力。

因此，在备战2021年法考客观题的路上，绝对不能放弃某一学科。即便民法、刑法和行政法的理论性很强，但只要踏踏实实地早一点开始复习，把这些知识一点一点消化，在复习初期就把基础打牢，后面的冲刺阶段就不会有"地动山摇"的感觉。

同时，法考的8门学科之间确实是存在一定的差异性，在承认学科差异性的基础上，我们可以把偏重理解性的学科放在早期阶段进行复习，把偏重记忆性的学科放在后期进行复习。但是，我们一定要合理分配复习时间，绝对不能有所偏废。要知道每一门学科的题目难度都是均匀分布的，一定数量的简单题目（送分题）+一定数量的常规题目（中级题）+一定数量的困难题目（送命题）。

也就是说，一个科目即便你学得再好也是很难取得全部分数的，拿下简单题和常规题后，在这一科目拿分的难度陡然上升。而民法、刑法和行政法的题目虽然普遍偏难，但是按照惯例也一定会有简单题目，只要你能把握好每个复习阶段，基本的分数还是能够拿下的。

所以，三大实体法在任何阶段都一定不能放弃。

3. 合理使用真金题，正确看待模拟题

（1）合理使用真金题

第一，真题中蕴含的考点都是每年法考考查的重点，通过做真题来熟悉法考重点是很好的选择；

第二，每年法考的命题方式和考查角度都没有太大变化，保持比较好的稳定性，做历年的真题可以说等同于做未来的考题。

一方面，2020 年法考客观题的出题范围呈现明显扩张趋势，单纯做真题所复习到的考点很难覆盖当前法考客观题的出题范围；另一方面，2020 年法考客观题的出题方式更加灵活，如果只是熟悉过往的出题套路，不给自己预留一定的调整空间，很容易在考场上出现手忙脚乱的情况。

历年真题有做的必要，但是如果一味地依赖真题真的很难保障顺利通过法考客观题。在一些公开网络论坛讨论中，甚至有人提出"真题刷 5 遍以上，客观一定通关"的说法，这种说法其实是严重不负责任的。

首先，8 科真题的题目不在少数，刷一遍需要花费很长的时间，如果所有的题目都要刷 5 遍以上，你的备考时间其实已经被压缩得差不多了。

其次，有些真题题目认真做两三遍其实已经被同学们吃透消化了，一味地重复自己已经学会的东西并没有很高的性价比。一般来说，正常的备考计划中，真题做3 遍已经是一个合理的次数。

如果觉得有必要，同学们可以在开始做真题时，对自己掌握得不全面和经常做错的题目进行标记，后续针对性地对自己的错题进行反复练习，这样一来可以节省复习的时间，二来不会重复学习已经掌握的知识造成学习的枯燥感。

因此，我们得出结论：真题的使用是贯穿整个复习始终的，但真题的使用分前期后期。

前期：熟悉常见命题套路、试题模型、常见陷阱。

后期：真题实际上是帮助你对抗遗忘的工具。

（2）正确看待模拟题

与真题相比，名师编写的模拟题很容易就被同学们打入"冷宫"。虽然没有真题的官方权威性，但是模拟题是有其独特的价值的。

第一，模拟题是针对真题没有考查过的角度和没有覆盖到的知识点进行编写的，可以作为真题的补充。而且，很多负责任的老师在法考领域浸润多年，能够揣摩命题的规律和角度，他们预测题目的准确性要比同学们的高得多。

第二，法考每年关注的热点都不一样，前些年的热点在今年就不再是热点。因此，往年真题中的热点题目其实对我们复习借鉴意义不太大，而老师都会根据《考试大纲》新增制度以及时事热点针对性地编写模拟题，这可以说是考前唯一的对新增和热点内容进行"实战演练"的机会，前面已经一再强调过新增制度和热点内容的重要性，如果不珍惜这次机会的话，有可能会白白浪费一部分本应轻松得到的分数。

4. "重数量，轻质量"：疯狂囤积图书和资料

面对法考庞大复杂的知识体系，很多第一次准备考试的同学很容易惊慌失措，"饥不择食"地在图书市场"扫货"。尤其是针对自己基础不够扎实的学科，为了获得"内心安全感"，一些同学甚至会购买三四本精讲讲义或者配套真题。

首先，备战法考客观题，知识体量负担已然非常巨大，即便是把每一科过上一遍都要花上非常多的时间、精力。如果每一门学科都买三四本书，跟三四个老师，会让你极度紧张，心态也很容易崩溃。而且，在法考市场能够站得住脚的老师，他的图书课程都已经经过了市场的检验，不能说保证覆盖100%的知识点，但覆盖90%左右的知识点是一定能做到的。

无论你跟哪一个老师，选择哪一本图书，都是没问题的。这些老师的图书、课程，虽然会在知识点的侧重和排序方面有些许不同，但是重点的内容几乎都能保持一致。如果仅仅为了知识点的全面，而花费巨大精力听几个相同部门法老师的课程，是非常不划算的。

其次，就法考领域来说，每一个老师的课程阶段安排都是前后连贯、高度统一的。先修、精讲、真题、模拟、背诵、冲刺，每个阶段都和前面的阶段保持着一定衔接和连贯。科学的记忆方法帮助你不断重复，最终达到准确记忆的效果。

因此，除非必要情况，一般不推荐同学们中途换老师，更不推荐同学们在一个科目中选择多个老师。

其中的原因就在于，每个老师在多年讲授知识的过程中都形成了一套独特的体系。而且一些记忆难度比较大的学科（如刑诉、宪法），老师还会编一些辅助记忆的"口诀"。如果同学们在备考路上频繁地更换老师，因为老师的授课体系往往是相互独立的，很容易发生冲突，最后的结果往往是得不偿失。

因此，在选择图书、选择老师方面，推荐的做法是"精挑细选，从一而终"。在选择老师的时候，可以把市面上讲得比较好的老师都听一听，综合比较后选择一个自己最适合的老师。一旦做出选择后千万不可再轻易更改，保证学习的"质量"，而不是一味追求学习的"数量"。

三、针对 2021 年考生的备考建议

如果说 2018 年由司考向法考的改革称为"大变化"，那么 2020 年法考客观题的变化可以说是"小变化"。虽然法考的考查方式没有出现根本性的改变，但分值比重的调整和考查难度的加大，是每一个参加 2021 年法考的考生都必须加以注意的。

原因在于，虽然每年法考的报名人数达几十万之多，但是除了准备非常充分的超级学霸和仅仅是来"做一套真题试题"的考生，绝大多数考生的水平都相差不大，基本上都在 160 分~200 分，胜负只在毫厘之间。这种情况下，对参加考试的考生们来说，不单单是 10 分、5 分，甚至 1 分、2 分都能决定你最终通过与否！

鉴于上述诸多原因，针对准备 2021 年法考客观题的考生，提出几点调整的建议。

1. 全面复习，科学分配各个学科的复习时间

从目前法考客观题出题情况来看，无论是 2018 年改革还是 2020 年变化都贯彻了全面考查的原则，这也对 2021 年同学的复习提出了更高的要求。立足于当下，全面复习已经成为一条必须贯穿法考复习各个阶段的基本原则。下面将 2018 年改革和 2020 年变化的内容分别列明。

2018 年法考改革主要涉及两个方面，题目数量由 300 道变为 200 道；机考设置随机抽取题目（花题），导致题目的辨识度降低，下面逐一讨论。

一方面，法考的客观题数量由司考时代的 300 道变为 200 道，卷一和卷二各 100 道题。很多同学会产生疑问，法考时代的题目仅仅为司考时代的三分之二，题目数量的大幅减少是不是意味着复习范围也相应缩减，在复习时是不是仅仅抓住重难点就可以了呢？万万不可，虽然法考客观题的题目有所减少，但是根据近两年的题目来看，所涉及考点的范围不降反升。

更需要加以注意的是，一反司考时代"重者衡重"的考查原则，很多之前多次被重点照顾的知识点，在法考时代仅仅"寥寥数笔"就带过。之前一些冷门、偏僻的考点，在司考时代很少有出场的机会，在法考改革后却常常"C 位出道"。以上的出题方向表明，传统"抓大放小"的复习思路越来越不能适应当前法考客观题的考查趋势。

因此，在法考复习过程中，尤其是在中前期复习时间比较充裕的阶段，要抱着"宁可多背，不可少背"的心态来全面复习，夯实基础。

另一方面，2018 年法考改革带来的第二点变化是"花题的出现"，使得题目的辨识度降低，这也加大了法考客观题的考查难度。

司考时代，题目的出场顺序是非常固定的。涉及理论法题目（宪法、法理学、

中国特色社会主义法治理论、司法制度和法律职业道德、中国法律史）的内容会摆在试卷的最前面，这部分题目相对简单容易拿到分数，缓解了考生们在考场上的心理压力。即使后面几个部门法的难度较大，考生在考场上也能够做好充分的心理预期。

但是，来到法考时代。无论是试卷一还是试卷二，都是计算机随机出题。换言之，坐在同一个考场上的同学虽然做的都是一套卷子，但是题目顺序都不一样。

而且，机考拼题加大了题目的辨识难度，基础较为薄弱的同学甚至很难辨认出这是哪一科目的题目。例如，2019 年的试卷二考完之后，很多同学非常疑惑为什么国际私法的题目少之又少。其实，这是因为国际私法有一部分题目考查的是涉外民商事管辖的内容，很多同学都错以为这是民事诉讼法的内容，混淆了相关考点。

这个例子很好地从侧面说明，法考改革后全面复习是多么的重要！如果不是对每个部门法都有所了解，可能在考场上，你连自己在哪里失分都不知道。在准备的过程中，切记千万不可对某个小法掉以轻心，在全面复习的基础上自己要思考总结，能够分辨出各个部门法之间的联系与区别。这样，在考场上遇到"拼题"时就不会出现茫然失措的窘态。

针对 2020 年法考客观题目分值占比的变化，最需要调整的就是各学科的复习时间比重。2018 年法考改革之后，理论法的分值占据了卷一的绝大部分，行政法及三国法的分值被极大地压缩。因此，在法考改革后的两年时间里，有一些分值较少的科目被分配的复习时间往往非常少，甚至有些考生只是到考前冲刺阶段才会临时突击一下。

诚然，这种做法在当时确实存在一定的合理性。但是结合 2020 年法考的形式，如果再采取这种备考策略，所面对的风险是非常大的。而且，司法部至今没有明确规定法考客观题的分值比重，并不排除法考客观题的分值比重有进一步调整的可能性。在这种背景下，如果再采取"抓大放小"的备考策略其实是非常不明智的。

因此，回归初心、全面复习，合理分配各学科的复习时间，是应对 2021 年法考客观题的王道。大家不妨想一想，起初司法部举行法律职业资格考试的目的或者说初衷是什么，当然是为国家的法治事业选拔更多优秀的法律人才，也可以说是培养中国未来的大法官、大检察官、大律师们。因此，全面、系统地了解中国现有的法律体系，是法律人才应该具备的素质，也是每一个通过法考的考生应当做到的。正因如此，在法考备考的过程中，尤其是前期阶段，必须全面、扎实地打好知识基础。李佳老师的名言"基础不牢，地动山摇"，在今天看来绝非危言耸听！

当然，合理分配各个科目的复习时间并不是要大家完全均等的分配时间，而是在了解各个科目内容以及分值多少的基础上做一些合理的差别对待。比如，民法、刑法和刑诉相比较其他科目而言，无论是分值占比还是学科内容都更多一点，因此适当地多分配一点时间给这些科目是合理的。但是，在对待各学科的态度上，考生们一定要做到一视同仁，认真对待。

2. 提升对新增以及热点内容的重视程度

虽然历年来，老师们一再强调《考试大纲》新增的内容以及最新的时事热点的重要性，但是按照以往的情况来看，许多考生对于这部分内容都是抱着一种"考前抱佛脚"的心态来复习的。往往是到了考前考生们才赶紧挑一本考前冲刺讲义，粗略地对新增的内容做一个大致的了解，希望能押中一两道题。

这种应试思路在往年的法考客观题的备考中是有一定道理的，但是结合2020年最新的考情来看，非常有必要提升新增内容以及时事热点题目复习的优先级。

原因在于，随着客观题考试整体难度的增加（体现在考查范围的扩大和考查细致程度的增加），想在传统的重点内容中拿到高分的难度陡升。而相比之下，新增以及热点题目的得分性价比就非常明显了。

换言之，在传统的重点内容中，你复习10个知识点，最后在考场上可能只有1个题目甚至只有1个选项能够涉及。反观新增热点内容，在一个学科中往往只有几页纸的知识点，但在考试中每个学科中少则考查三四道题，多则考查六七道题。而且第一次出现的知识，考查的难度不会太大。只要你能把这几页的知识点吃牢、吃透，这些新增热点题目的分数是有可能全部拿到的。

例如，2020年法考客观题刑诉法科目中，新增的"认罪认罚从宽制度"就得到了命题人的"重点照顾"，在一批次和二批次的考试中均出现了五六道题，而且《人民陪审员法》、《社区矫正法》、《高检规则》的修改这些热点内容也有所涉及。以上新增制度的分数加起来就达到了十多分，在一个科目中所占的分值比重已经不低了。

要知道，刑诉法一直以记忆难度大让众多参加法考的考生苦不堪言，想在刑诉法上拿分是件极为艰难的事情。因此，这些新增考点可以说是有效降低了刑诉法难度，成为考生们在这一学科寻求得分的突破口。

再如，结合2020年我国第一部《民法典》颁布的时代背景，很多《民法典》的新增制度都进行了考查，居住权、向第三人履行的合同等一系列制度都出现在了有关民法的试题中。民法科目的庞杂程度可以说是各个学科中最大的，这也让很多复习民法的考生叫苦不迭。但参加2020年法考客观题的考生普遍反馈，涉及《民法典》新增内容的题目难度并不大，往往只需要做出是与非的定性判断，可以说没有在理论深度上为难大家。可以预见的是，在未来的3—5年内，《民法典》的新增内容都会是法律职业资格考试的考查重点，这无疑相当于命题人已经提前帮你画好了重点。虽然不排除未来《民法典》考查的深度会有所增加，但是相比《民法典》的1260个条文，新增制度不论是理论深度还是覆盖范围都十分有限，就针对这部分花大量时间和精力来重点掌握，性价比绝对是很高的。

其实，相较而言传统的复习重点、复习新增知识点所花费的时间和精力都十分有限，只要你能了解国家最新的政策动态，根本不需要死记硬背就能拿到对应的分数。相信在疫情防控常态化的背景之下，涉及新冠肺炎疫情的法律、法规、政策还会陆续出台，同学们要对这些内容保持高度的敏感，这些内容一旦出现在2021年法考的题目中，一定要拿下分数。

总而言之，新增制度和热点内容绝对不再是以往"锦上添花"的鸡肋分数，而是在你法考路上能起到"雪中送炭"作用的必需品。

在备考2021年法考客观题之初，考生们就应当加大对其的重视程度，优先学习这部分内容，在后续几轮的复习中，不断夯实、不断巩固，给自己通过2021年法考客观题打下一个坚实的基础。

3. 培养备战法考客观题的第一性原理：堡垒思维

2020年法考客观题的"突然袭击"让很多考生感到不适应，面对全新的形势，如何应对这些改变，是每一个参加2021年法考客观题考试考生的当务之急。

面对困难，如果仅仅是纠结于问题的表象，被问题牵着鼻子走，最后的结果往往是得不偿失。比如说，2020年卷一的客观题的分值比重发生了一些改变，很多考生就在明年的备考计划中加大对刑诉法、行政法的备考时间，压缩理论法的复习时间。但试问，如果明年法考客观题的分值比重再次变化，你花大力气复习的科目分值变少，你潦草而过的科目再次"C位出道"，到时候岂不欲哭无泪？

因此，想东西绝对不能仅仅停留在表面，要思考事物背后的逻辑，探索规律，抓住解决问题的第一性原理，才是通过法考的不二法门。相信对于每一个有志于成为大法官、大检察官和大律师的考生来说，这种思维方式对未来的发展都是大有裨益的。

那么，究竟什么才是法考背后的第一性原理呢？什么才是能在纷繁复杂的法条、法理和学说中帮你打开法律之门的钥匙呢？就是"堡垒思维"，换言之，就是一种防守的思维。

很多考生听到这里可能会一头雾水，不要着急，下面的内容就给大家仔细剖析法考的底层逻辑。

法考客观题通过的逻辑很简单，300分的总分，180分通过。理论上讲我考查100个知识点，你只要会60个就能通过。但问题是，法考知识点覆盖的范围之广，简直让人绝望，这也是法考的难度所在。

很多刚刚开始准备法考的考生很容易犯的一个错误是：企图一开始就用自己的脑力把所有遇到的知识点全部背下来。这种努力是徒劳的，可能你在高中阶段真的能背下来绝大多数知识点，但是到了法考阶段，这种想法是不现实的。

首先，你不可能记住"所有"知识点，法考8科几百万的文字量，早就超出了人类的记忆极限。并且，你不可能"永远"记住知识点。只要是人，就会遗忘，这是亘古不变的规律。因此，如果你主动去攻击对手（记忆），最后的结果必然是大败而归。因此，有必要建立"堡垒"思维，用防守的姿态来应对法考的天量记忆量。平时喜欢看球赛的考生都知道，无论是足球还是篮球，到了最为关键的决赛，往往是防守质量的高低决定哪支球队能获得冠军。

同理，在法考备战上，我们不必过于纠结一城一池的得失，扎扎实实地做好防守才是取胜的王道。这也是我们制定切实可行的复习策略的底层原理，通过一轮轮的复习，帮你建立自己的知识体系，后期不断地巩固、查漏补缺，到了考场上，只要你的防守体系能抵挡住进攻的60次，你就能顺利通关。只要掌握了这种底层思维，你就能够以不变应万变，"任尔东西南北风，我自岿然不动"，顺利地取得法考的胜利。具体来讲，法考复习可以分为6大阶段——精讲、真题、背诵、模拟、速记、冲刺。

精讲阶段是法考复习过程中内容最全面的阶段，是唯一的老师会完整讲授各个学科所有知识点的阶段。在这个阶段，老师会把每一个知识点都讲解得非常到位，细致入微。而且，在这个阶段对法律零基础的人来说也是非常友好的。对于一些用常识很难理解的法律问题，老师会从头到尾做耐心地讲解，法条背后的来龙去脉都会给你一一梳理清楚。

当然考虑到这个阶段知识体量巨大，考生们不必担心无法记下所有知识，打基础并不需要记牢所有知识点，只需对对应的知识点有印象，到后面的各个阶段能够回想起来就可以了。越临近考试，对应阶段的讲义就会越来越薄，老师会专门找出精华和考查概率大的知识点供大家背诵。尤其是到了冲刺阶段，老师会用最薄的十几页纸帮你串讲知识点，只要你前面的基础打得足够牢固，后面真的会有豁然开朗的感觉。

同时，真题和模拟题也是帮助考生们建立自己知识框架（防守体系）的有力武器。

真题就是未来的考题，过去曾经考过的知识点很有可能在未来的考题中重复考查，而且真题的出题角度，考查方式总体而言是变化不大的，能够帮你最大限度模拟实战，适应法考出题的模式。

模拟题是各个科目的老师根据以往的经验自己编纂的题目，出题角度高度类似于真题，很多当年的新增考点和时事热点是没有对应的真题的，因此有必要通过模拟题的方式对考生们的掌握情况加以测试，通过查漏补缺进一步巩固知识框架。

4. 正视口诀的作用

无论是减轻考生的记忆压力还是迎合考生的需求，各个机构和老师都会总结自己的口诀，这需要考生挑选合适的口诀。有的老师的口诀看着就像生搬硬套的，读起来不顺，考生也不容易记忆，这种口诀就可以放弃。口诀在备考过程中起到的是辅助作用，而不要以口诀代替理解。备战法考还是应该以理解为主，口诀为辅。理论法、民诉、刑诉、商经等记忆性学科，可以适当结合老师的口诀来减轻记忆量。

以上，就是针对2021年法考客观题备考原理的阐述。相信面对变化，只要能抓住背后的第一性原理，建立起好的知识体系，通过一轮一轮的复习巩固，让自己的知识体系在考试时达到最佳状态，2021年一定能够顺利通关！

客观题规划篇 第三部分

PART THREE

鉴于备战法考的考生实际情况不同，每天可投入的时间以及知识基础不同，本文分为在校考生和在职考生两大群体，分别制定适合不同类型人员的复习方式。在校群体的时间比较充裕，复习方法也有多样的选择。

具体而言，既可以采取学科顺序式复习，也可以采取学科关联式复习。

◎ 学科顺序式：按照先实体法再程序法的顺序进行复习；

◎ 学科关联式：按照具有一定关联性学科进行关联复习。

[特别注意]

在职考生，由于备考时间不充足，建议按照一般学科顺序式的方法备考即可。

一、学科顺序式复习策略

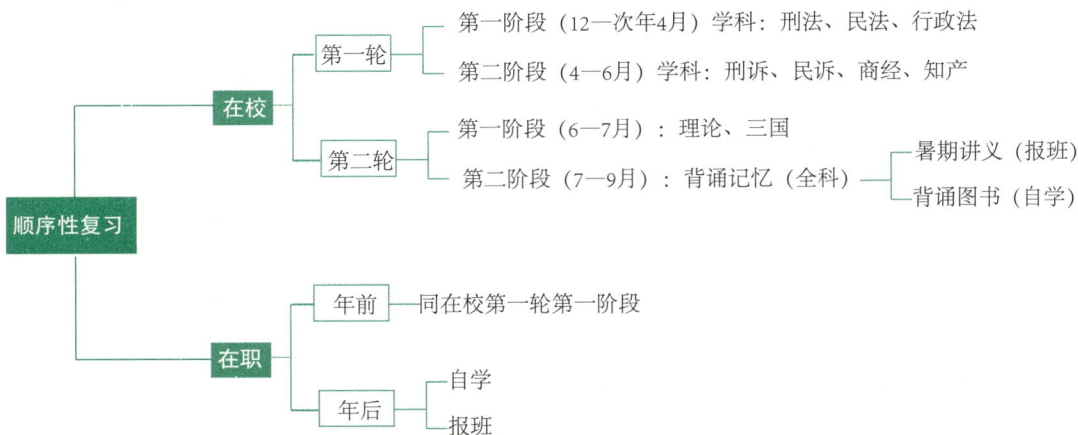

```
                                    第一阶段（12—次年4月）学科：刑法、民法、行政法
                          第一轮
                                    第二阶段（4—6月）学科：刑诉、民诉、商经、知产
                 在校
                                    第一阶段（6—7月）：理论、三国
                          第二轮                                        暑期讲义（报班）
顺序性复习                          第二阶段（7—9月）：背诵记忆（全科）
                                                                        背诵图书（自学）

                          年前    同在校第一轮第一阶段
                 在职
                                              自学
                          年后
                                              报班
```

在校考生

时长安排

12—次年6月，4—6小时/天，7—9月份建议8—10小时/天

具体规划

12—次年4月，学习民法、刑法和行政法三大实体法，建议使用强化讲义

12月—次年4月，4—6小时/天

复习要点

对于首次备考，基础薄弱的考生建议尽早进入学习状态。

第一，不要认为从12月开始学习，战线拉得过长。12月开始备考并不意味着你能全身心地投入复习。期末考试的压力以及过年的喜悦都会影响你的复习进度。而且，尽早开始了解法考、购买有关资料，比3月开始准备法考的考生在复习节奏上更加的游刃有余。

[注意] 对于在职考生，本来复习时间就短，尽早复习是最佳的选择。

第二，三大实体法的内容繁杂、理论性强，需要考生花费大量的时间去建构知识体系。实体法在法考中呈现出整体偏难的趋势，且注重理解，而其他的学科例如三国法、理论法，相对而言偏重于记忆。记忆性的学科可以放到后面学习，这样巩固的周期较短，也不容易出现考试时遗忘的情况。因此，在前期时间充裕的情况下，夯实三大实体法的基础，才能在后期给自己争取更多的背诵时间。

那么，如何复习三大实体法，复习顺序如何安排更科学合理呢？

建议大家先从刑法入手，再复习民法，然后是行政法。原因如下：

（1）由于刑法和民法相较于其他学科而言，学习门槛较低，至少考生凭借自己朴素的正义观就可以做对部分真题，不会产生畏难情绪；

（2）民法和刑法中需要理解的知识点较多，例如，刑法中的犯罪构成理论、共同犯罪理论，民法中的物权变动区分原则、善意取得制度等，这些理论和制度只有理解其背后的法理，才能在做题时举一反三。

1. 刑法的复习规划

刑法分为总则和分则两部分，刑法总则包括犯罪论和刑罚论，刑法分则包括10个章节。在第一轮复习时，建议先复习刑法总则中的犯罪论，刑罚论放到第二阶段复习（主要是背诵，理解上没有障碍），当然计划将刑法从总则到分则通篇复习也可以。

犯罪论中的犯罪构成是刑法理论的核心和刑法理论体系的基础。在这个理论体系中，犯罪论的基本问题是围绕犯罪构成展开的，刑法分则也是按照犯罪构成分别论述具体犯罪的构成要件。因此，理解、掌握犯罪构成理论的内容和体系，是学好刑法的关键。犯罪构成理论在刑法学界有两种观点，一种是四要件理论，即犯罪构成需要具备四个方面的要件，包括犯罪客体、犯罪客观方面、犯罪主体、犯罪主观方面，这是构成具体犯罪的一般要件。法律实务界采纳的是四要件理论，大多数法学院刑法教学也采纳该学说。一种是大陆法系的犯罪构成理论，包括客观违法阶层和主观责任阶层，是目前法考采纳的观点。

在客观违法阶层，包括犯罪主体、行为、结果和因果关系，其中行为、结果以及二者之间的因果关系是最主要的内容，也是法考的重难点之所在。

犯罪主体包括自然人和单位，行为包括作为和不作为。法考最容易考特殊情况，自然人中的身份犯、单位犯罪是需要重点掌握的内容。通常认为行为人只有实施了犯罪行为才构成犯罪，在被称为"天下第一考"的法考中，很难出现这样的题目。否则，怎样过滤掉90%的考生呢？因此，法考经常考查不作为犯罪的情况。

因果关系以条件说为基础，认为行为与结果之间如果存在"没有前者就没有后者"的条件关系时，前者就是后者的原因。即如果A，则B；无A，则无B。但是法考不会这么简单地出题，它会在AB之间出现一个介入因素，考查介入因素发生时，AB之间是否存在因果关系或者介入因素的出现是否割裂两者的因果关系。例如，甲将被害人乙衣服点燃，被害人跳河灭火而溺亡，问甲的行为和乙的死亡之间是否有因果关系。

（客观）违法性阻却事由是指当出现特殊情况，不认为行为人的行为是犯罪，包括正当防卫、紧急避险、被害人承诺等。正当防卫是法考的常考点，随着于欢案、昆山龙哥案、丽江反杀案的发生，对于正当防卫的界限问题成为法律界争议的热点。但这个不是我们需要关注的，考生只需要按照老师讲解的内容复习即可。

主观归责部分包括责任年龄、能力、罪过、目的与动机、认识错误。责任年龄中14—16周岁的行为人对何种犯罪行为承担刑事责任，是法考的常考点。尤其随着《中华人民共和国未成年人保护法》的颁布，国家非常重视未成年人的身心健康。

罪过包括故意和过失，是对其客观不法行为承担责任的重要依据。简单来讲，如果行为人不是基于故意或者过失杀害了被害人，那有可能是不可抗力或者意外事件，不认为是犯罪，不负刑事责任。因此，故意和过失是行为人承担刑事责任的重要因素之一。在故意部分，存在犯罪的未完成形态，即犯罪预备、未遂和中止。认识错误包括具体的事实错误和抽象的事实错误。

总之，犯罪论作为刑法总则的核心内容，考生要慎重对待，通过听课和做题加强对知识点的理解。无论跟哪个老师的课，第1遍听完如果对于知识点的理解有障碍，可以再听1~2遍的课程。为了充分利用时间，在看第2~3遍视频时，可以使用加速软件。

刑法分则按照同类客体将所有的犯罪分为十大类，并以此为基础构筑刑法分则体系。十大类即十个章节，分别为第一章危害国家安全罪、第二章危害公共安全罪、第三章破坏社会主义市场经济秩序罪、第四章侵犯公民人身权利、民主权利罪、第五章侵犯财产罪、第六章妨害社会管理秩序罪、第七章危害国防利益罪、第八章贪污贿赂罪、第九章渎职罪、第十章军人违反职责罪。

生命和财产是公民最为关心的内容，也是法考常考的内容。第一轮建议优先复习第四章侵犯公民人身权利、民主权利罪，第五章侵犯财产罪和第八章贪污贿赂罪。这三章需要全面复习，不要抱有侥幸心理，遗漏其中某个罪名。

[注意] 对于刑法分则的学习要结合总则的内容，总则的内容相当于对分则提公因式，将分则规定的共性问题进行抽象、归纳。特别是总则中的共同犯罪理论，经常结合分则的具体罪名进行考查。

因此，不建议考生自己看书。讲义的知识点是按顺序排列的，法考是将知识点融合在一起考查，没有老师的讲解，考生很难提升自己对于知识点的融会贯通能力，这也是能看懂书，做不对题的原因所在。

2. 民法的复习规划

2020 年 5 月 28 日，十三届全国人大第三次会议表决通过了《中华人民共和国民法典》。民法典共七编、1260 条，各编依次为总则、物权、合同、人格权、婚姻家庭、继承、侵权责任和附则，自 2021 年 1 月 1 日起施行。婚姻法、继承法、民法通则、收养法、担保法、合同法、物权法、侵权责任法、民法总则同时废止。2021年生效的《民法典》必然是法考的重点，其中新增和修改的内容需要重点关注。例如，《担保法》第 19 条规定，当事人对保证方式没有约定或者约定不明确的，按照连带责任保证承担保证责任。但是，《民法典》第 686 条第 2 款规定，当事人在保证合同中对保证方式没有约定或约定不明的，按照一般保证承担保证责任。当事人承担责任的方式截然相反，考生只有了解背后的立法精神，才有助于理解记忆。

民法基本原则作为贯穿民法始终的基本准则，是总则中的核心内容。诚信原则作为民法的帝王原则，在法考真题中也有体现。例如，2013 年卷三 51 题，考查的是"禁止滥用民事权利规则"，它属于诚信原则的延伸。将民法的基本原则理解全面，对于理解其他各编的内容有重要作用，合同编、婚姻家庭编处处体现了平等原则、自愿原则、公平原则和诚信原则的内涵。

总则编中的民事法律行为、代理制度等也是重要考点，这部分内容在法考的客观题和主观题中都会考查到。第一轮复习时民法总则可以复习 1~2 遍，认真理解其理论知识，建构知识体系。

物权编、合同编和侵权责任编是第一轮复习的重点，人格权编、婚姻家庭编、继承编的内容可以放到第二阶段复习，该部分知识点主要以记忆为主。

物权编中的物权变动区分原则、所有权、用益物权和担保物权都是每年的常考点。法考近几年的趋势都是以案例的形式出题，很少单纯地考查某个知识点。所有权中的业主建筑物区分所有权在《民法典》中进行了重大制度创新和修改，再加上小区的车位、车库问题一直是老百姓买房时关注的重点，必然会在法考的试题中体现出来。用益物权中新增了居住权，可谓是民法制度的一大创新。除此以外，用益物权中需要重点理解地役权的内容，包括它与相邻权的区别以及它的典型特征。担保物权中除关注抵押、质押和留置权这类常规重点外，也要特别注意非典型担保的类型。其中以让与担保最为典型，作为一种新兴事物，其备受命题者青睐。①

合同编中分为总则和分则两部分，总则的内容类似于提公因式，包括合同成立－生效－履行－违约的全过程。合同分则中有几类典型的有名合同，包括买卖合同、借款合同和保证合同需要全面复习。

需要注意《民法典》没有债权编，"无因管理、不当得利"作为债的一种发生方式规定在合同编中，作为准合同的类型单独成章。但是老师授课时，会有债法总论的讲解，这部分区别了解即可，考生不用有过多疑虑。

侵权责任编需要理解责任的归责原则，尤其要掌握无过错责任归责原则的适用范围。法考的命题趋势是"重者恒重"，即使《民法典》中部分制度有修改也无须担心。作为"社会生活百科全书"，《民法典》中的法律规定一定是合理的，符合公民合理预期的。

在第一轮复习时，考生要做的就是抓住民法的重要考点，新增和新修改的知识点。

3. 行政法的复习规划

行政法作为三大实体法之一，也要尽早复习比较好。与民法不同，行政法调整的不是平等主体之间的法律关系，而是公权力主体和普通公民之间的法律关系。行政法强调一种"官""民"关系的不平等性，行政权以命令服从为其主要特征。行政法也有自己的原则，即六大基本原则，合法行政原则、合理行政原则、程序正当原则、高效便民原则、诚实守信原则和权责统一原则，这贯穿行政机关实施行政行为的始终，也是判断行政行为合法与否的标准。

学习行政法要记住三类主体，三种行为。"三类主体"分别为行政机关、行政相对人和利害关系人，"三种行为"指的是行政许可、行政处罚和行政强制行为。

行政法的复习应当实体法和程序法结合，程序方面重要的就是行政诉讼和行政复议。需要区分是，行政机关在做出行政行为之前也需要遵循相应的程序，例如《行政处罚法》第31条规定，行政机关在作出行政处罚决定之前，应当告知当事人作出行政处罚决定的事实、理由及依据，并告知当事人依法享有的权利。如果行政机关没有按照法律规定的程序执法，不仅违反合法行政的原则，被处罚的公民也可以向作出行政处罚的上一级机关提起行政复议，对复议决定不服的，可以提起行政诉讼。可以看出，行政复议和行政诉讼都是为了防止和纠正违法不当的行政行为，保证公民、法人和其他组织的合法权益，监督行政机关的行政权力。1999年《宪法修正案》规定："中华人民共和国实行依法治国，建设社会主义法治国家。"首次将"依法治国"写入宪法，党的十八届四中全会也将全面推进依法治国作为研究的重要议题。依法治国的核心是依宪治国，法治原则的核心是限制公权力，而行政诉讼

---

① 引自李建伟《民法专题讲座》。

和行政复议这两种救济制度则是以"控制公权力，保护私权利"为核心目的。

在第一轮复习过程中，行政复议和行政诉讼是复习的关键，不仅要掌握每个救济制度的程序，也要掌握二者之间的联系及程序上的衔接关系。至于国家赔偿法，内容比较简单，可以放到第二阶段复习。

很多考生在刚刚复习刑法的时候都会产生疑惑，怎样看待刑法中各个观点的争论。要明确一点，不仅仅是刑法，各学科在学术研究中都会出现百家争鸣的情况，这属于正常现象。例如许霆案，有的学者认为应当构成盗窃罪，有的学者认为是无罪，各有各的理由。在做法考真题时，没有绝对正确的答案，只有相对合理的选项，所以提醒考生在复习的过程中不要钻牛角尖。你的目标是通过法考，而不是做学术研究。当对于同一个行为究竟构成哪种犯罪有不同的观点时，要以真题答案为准，不要参与到学术界的纠纷中。

再次强调，如果真的是对于一个知识点有不同的观点，那么命题人一定会给你可探讨的空间。例如，公开的以和平的方式取走他人财物的行为，究竟是以盗窃罪还是以抢夺罪论处，存在争议。通说观点认为，盗窃罪是秘密窃取，以公开方式取走他人财物的行为构成抢夺罪；另一种观点认为，盗窃罪既可以是秘密窃取，也可以由公开的和平的取走被害人的行为构成。法考就考查了这两种观点。（详见2013年卷二，2016年卷二）。考生需要注意的是，一种观点，之所以能够成为通说的观点，诸多学者支持的背后更多的还是这种观点符合中国司法实践。一种观点能否成为通说的观点，与一国的司法传统、社会现状、司法实践、国民观念等密切相关。[①]

具体规划

4—6月，民诉、刑诉，商经、知产

时间分配

4—6月，4—6小时/天

复习要点

学习完行政诉讼法，考生对于程序法的内容会有简单的了解，此时再复习民诉和刑诉会相对简单些。民诉和刑诉统称"双诉"。对于双诉的学习，整体原则为：

（1）听课时要注意做标记，掌握重要知识点。诉讼的基本原理和高频考点不仅仅是背诵就可以做对题的，理解其背后的立法精神、法律原理才可以应对法考，对于重点知识和新增内容做标记有助于第二轮时有重点地复习。

（2）建构诉讼程序的框架体系。民诉的一审程序-二审程序-审判监督程序-执行程序，刑诉的侦查-起诉-审判-执行。但是两者的关注点不尽相同。

民诉中，从一审程序到二审程序再到执行程序，中间会出现各种的情况。例如，

---

① 引自徐光华，《刑法文化解释研究》，中国政法大学出版社2012年版，第2页。

当事人对一审不服上诉，但是经过双方当事人的协商，上诉人会有多种选择，一是二审法院进行审理作出终审判决，二是撤回上诉，三是撤回起诉，四是经过法院的调解达成调解协议。

刑事诉讼法作为"行走的小宪法"，目的在于规范和限制国家权力，保障公民的基本人权和自由。学习刑事诉讼法，要明确一个理念，它不仅保护被害人的合法权益，也保护被告人（犯罪嫌疑人）的合法权益。诚然，被告人实施了令人厌恶的犯罪行为，但刑事诉讼法作为程序法不评价公民的行为，而是为了秩序的平稳运行。所以，侦查阶段的五大强制措施：拘传、取保候审、监视居住、拘留和逮捕，证据中的非法证据排除规则等是考试的重点。

（3）不要将诉讼法进行对比记忆，容易混淆知识点。

[注意] 有一种观点认为将三大诉讼法对比记忆，有助于提高背诵效率。这样很容易让考生对相应的知识点产生混淆。例如，对于不公开审理的案件，民诉和刑诉有不同的规定。各科命题人只研究本学科的重难点考点，不会刻意地用别的学科的知识点来混淆大家，花费大量时间用来区别三者的不同，只会得不偿失。

商法重点复习公司法、合伙企业法、企业破产法，其他的小法例如《个人独资法》、《外商投资法》、《证券法》可以放到第二阶段复习。

经济法中的《竞争法》、《消费者法》、《劳动与社会保障法》可以放到第一轮复习，当然经济法中的学科大部分都是记忆性学科，全部放到第二轮复习也没问题。

知识产权包括著作权法、专利法和商标权法三部分内容。实际的知识产权案例很复杂，但是法考的命题由于是因法设题，并不会很难。考生注意结合听课和做题掌握重要知识点就行。

具体规划

6—7月，三国、理论；7-8月份，全科复习

时间分配

6—8月份，8—10小时/天

复习要点

7—8月，第二轮复习，重点复习记忆性的学科，多做真题。

法考分为8大部门法，6月之前必须完成三大实体法和三大程序法的听课和做题。对于三国法和理论法，也建议时间充裕的考生听课。听课的价值在于老师会帮助梳理知识体系，区分重点和非重点。但是听课时间不要太长，1周左右即可，然后就开始第2轮的复习。

第2轮复习时，除了对第1轮学习的内容进行巩固外，也要查漏补缺，对于没有复习到的知识点进行理解和背诵。建议第2轮使用背诵版讲义，相对于精讲教材，背诵版较薄，内容都是重点知识，背诵的时候也不用拿着厚厚的书来背。

1. 暑期阶段的考生分为两类，一类是报机构的暑期班，一类是自学

对于报班的考生，建议踏踏实实跟着机构的安排复习，机构的时间安排还是科学的。报班的考生，建议一定要在培训班开课前过一遍三大实体法和程序法，包括一轮的视频和真题，这样在开课的时候按部就班，就不会显得很吃力。考生跟着机构课表，要做到当天上课的知识一定当天消化，如果是民诉、刑诉、宪法、法理、行政法等记忆性科目，上课前最好把当天要听的内容提前背诵一遍。既能在上课时增强自己的信心，也能对自己不理解的知识点加深印象。当天上课的内容，对应的真题一定要完成，做 5 年内的真题即可，然后吸收消化，背诵巩固。

对于自学的考生，一定要有自制力，利用暑期时间进行背诵。背诵很重要！背诵很重要！背诵很重要！（重要的事情说三遍）法考是一场应试考试，即使是理解性的学科，也是需要背诵的。刚开始背诵时最好一科科地来，不要贪多。当你有了自己的背诵节奏和方法后，可以每天尝试背诵两个部门法。法考的背诵，最重要的就是重复重复再重复，没有什么捷径可走。推荐大家利用艾宾浩斯记忆曲线，该曲线由德国心理学家艾宾浩斯（H. Ebbinghaus）研究发现，描述了人类大脑对新事物遗忘的规律。

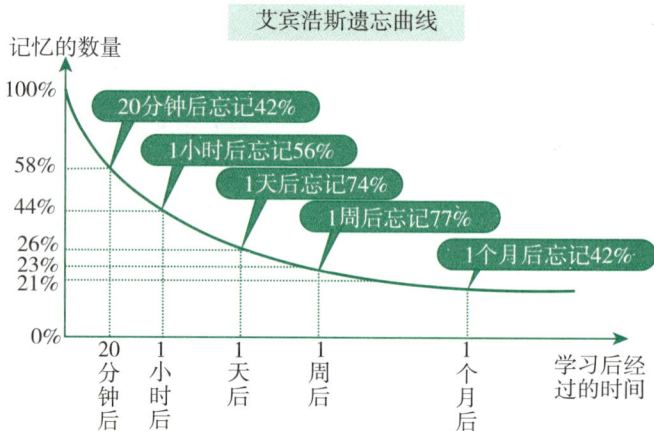

艾宾浩斯遗忘曲线

根据记忆曲线，考生可以制订每天的背诵计划，按如下顺序进行背诵：昨天的知识点—前天的知识点—4 天前的知识点—7 天前的知识点—15 天前的知识点—1 个月前的知识点。最好专门拿一个小本子，将每天背的知识点记下（只记大标题或者第几章第几节），然后在每天的复习计划上写上每天需要复习的日期，每完成一项，打一个钩。当然，背诵时也要讲究策略。复习昨天的知识点，先按照目录或者提纲过一遍，有忘记的立即补充；复习前天的知识点，详细阅读讲义，然后再根据目录回忆；复习 4 天前的知识点到 1 个月前的知识点，都是根据目录进行回忆，记不住的知识点及时温习。每天要先背诵新的知识点，然后再复习之前的知识点。

2. 建议从 8 月开始，每周模拟机考

模考的目的一是了解花卷的组成形式，二是检测自己的复习效果。对于分年真题的模拟，分数不重要，但是一定要注意以下几个方面：

（1）本题的题型是什么→关联考查的知识点是哪些。

（2）为什么要关联考查→存在什么样的逻辑关系。

（3）这种关联考查的形式在历年真题中多吗→是否可以提炼出公因式，汇总常见的试题模型。

（4）这种类型题的陷阱是什么，如何避免。

9月—考试前，每科分配 1 天左右的时间

大部分考生进入9月就处于紧张状态，学习效率大大下降。这个时候能静下心背诵是最好的，即使无心背诵，在考试之前也要看一遍讲义或者自己的笔记。每科分配1天左右的时间，坚持到最后。

二、复习过程中真题的使用

（一）真题的种类

1. 分类真题，即按科目知识点排序整理，就是各家机构每年出版的真题卷，在老师的精讲书或讲义中也会存在部分。

2. 分年真题，即分年份排序整理，司考时代真题的3改2分年重组套卷，法考时代的标准两卷。分年真题不建议买纸质版的，开始的时间也不宜过早，8月开始每周模拟机考即可。

"A项，根据《刑诉法》第XX条第XX款的规定，blablabla……。可见，A错误。""鉴于ABC错误，因此D正确。"

是不是似曾相识？这种解析方式让考生头疼不已，阅读起来如同嚼蜡。考生既不知自己错在哪里，又对考点的掌握得不到总结和提升。

那么，考生在选购分类真题解读的时候，需要注意以下两点：

（1）真题的解析部分要注重回顾知识点以及拓展关联内容。

一本好真题书的解析，不是法条的简单罗列，需要结合题干进行条分缕析，培养良好的分析能力比真题对错更有意义。分类真题主要任务则在于展示特定知识点在历年考试中被考查的情况，因此需要足够数量的试题才能更好地反映出客观规律以及考法。

（2）认定一个老师，听课和真题选择同一个老师。

对教材和真题有足够驾驭水准的老师，会把自己讲课思路中的总结、对比、技巧带入自己的真题和授课写作当中，从而带着学生进行最有效的"实战演练"，达到真正的学以致用。

此外，有一些因新法变更，因设题环境不同，用新法解析会变得牵强奇怪的旧题，可以放弃。不必一味的贪多求全，这种试题对你复习考试没有意义。

（二）真题的使用

做真题就是在做未来的考题，可见真题对于备战法考的重要性。但是如何做真题呢？

1. 建议分类真题从开始听课就要做，可以白天听课，晚上做相关章节的真题。尤其在第 1 轮复习时，不要只听课不做题。有的考生会将一门学科的课程完整听完再做，这种方式是不可取的。实践是检验真理的唯一标准，听课效果好不好，知识点到底有没有掌握，做真题就知道。但是将听课和做题割裂开，既无法达到听课的效果，做题的正确率也很低，极容易打击自己的自信心。

2. 真题并不是做完一遍就大功告成了，至少要做 2~3 遍。第一遍做题是为了帮助你理解知识点，第二遍做题就是为了查漏补缺，找出自己的薄弱项。一般考生做完第 2~3 遍真题就会对题目很熟悉，那么还要再重复做题吗？答案是肯定的。重复做题不仅仅是加强考生对于知识点的理解，更是为了对抗遗忘，毕竟人的记忆是会遗忘的。尤其是考生复习三大实体法的时间较早，只有不断地重复做题，才能保证记忆的新鲜度。

当然，每一遍做题都要有其价值。对于做错的真题，自己先反思为什么做错，是对于考点的理解和精准把握程度不够还是欠缺考点的灵活运用和分析能力，抑或是边缘性试题。

（1）对考点的理解和精准把握程度不够的考生，建议再看一遍老师的授课内容。有针对性地看，将相应的知识点理解透彻。

（2）欠缺考点的灵活运用和分析能力的考生一定要训练自己运用法律知识解决实际问题的能力。法考真题因例（小案例）设题的实例题比较多，要求考生在题干中所呈现的小案例中运用法律知识解题，对考生分析问题能力要求较高，考查知识点跨度很大，需要分析法律关系。对于此类型题目需要重点突破，毕竟因例、因案设题是法考的一大趋势。

[例] 甲去购买彩票，其友乙给甲 10 元钱让其顺便代购彩票，同时告知购买号码，并一再嘱咐甲不要改变。甲预测乙提供的号码不能中奖，便擅自更换号码为乙购买了彩票并替乙保管。开奖时，甲为乙购买的彩票中了奖，二人为奖项归属发生纠纷。下列哪一分析是正确的？（2015-3-9）

A. 甲应获得该奖项，因按乙的号码无法中奖，甲、乙之间应类推适用借贷关系，由甲偿还乙 10 元

B. 甲、乙应平分该奖项，因乙出了钱，而甲更换了号码

C. 甲的贡献大，应获得该奖项之大部，同时按比例承担彩票购买款

D. 乙应获得该奖项，因乙是委托人

（3）如果是偏难怪试题，遇到了单独记忆就好，这种题目不会很多，常在一些考查频率较低的小法中出现。

（三）注重机考模拟

法考客观题进入全面机考时代，考试时以花题形式出题（电脑随机乱序拼题），这是司考时代和法考时代在机考和纸面考试形式上的最大区别。出现的情况就是第1题考查一个部门法，第2题就考查另外一个部门法，花题形式干扰了考生对题目知识点的辨识，题目辨识度的下降，变相地让考生认为试题难度有所上升。花题形式的组卷方式也提升了考生在复习考试时独立根据题干信息和选项辨析试题考点的能力要求，因此需要注意在复习过程中对题干信息锁定或提取能力的刻意训练。

竹马法考 APP 可以实现随机组成套卷，提升考生对花题的乱序形式以及学科之间进行单选、多选、不定项的切换能力，最终提高得分能力。

在职考生

鉴于在职考生的复习时间有限，一定要尽早复习。在职考生可以分为两大类，一类是年前+3月后周末时间；一类是3月后周末时间。

第一类：年前+3月后周末时间

具体规划

年前：12—次年3月，民法、刑法、行政法

年后：3—9月，民法、刑法、行政法、刑诉、民诉、商经、理论、三国

时间分配

工作日：2—3小时/天

非工作日：建议5—6小时/天

由于在职群体的类型多样，对于工作日复习的考生，可以利用晚上的时间复习。每天抽出2—3小时，复习一个部门法。同时，各大机构都会针对在职考生推出周末班，由于考生工作日没有充足的时间听老师讲课，可以利用周六日的时间听课，工作日将相关知识点的真题做一遍。

对于报考周末班的考生，建议12—次年3月至少过一遍三大实体法，包括一轮的视频和真题，这样在开课的时候跟着机构走，不会感觉很吃力。（复习方法参考学科顺序式12—次年4月的复习规划）

机构的周末班时间安排一般是：3/4—7月强化阶段；7—9月真题阶段。这个安排相对合理，但是考生不要到7月份再做真题，在听课的同时就要开始做题。一定不要将听课和做题割裂开，只有通过做题才能了解自己的复习情况。考虑到在职考生每天的复习时间较短，可以利用碎片化的时间做真题。建议手机上下载竹马APP，上下班等车的时间就可以做题。

3—7月跟着机构的课程按部就班地复习就行，各科复习的重点可以参考学科顺

序复习法中的讲解；7—9月是备战法考的关键时间，考生要做的就是做真题—背诵—做真题—背诵，强化对知识点的理解和记忆。对于真题讲解课程，考生可以有针对的听课，对于自己错误率高的真题反复听老师讲解。如果想将真题讲解完整的听一遍也可以，但是不要将时间全部花费到听课上。

第二类：3月后周末时间

具体规划

3月—7月；7月—8月

时间分配

工作日：3小时/天

非工作日：6小时/天

部分在职考生会选择从年后3月开始复习，7—8月通常会请假学习。对于这类考生，建议周六日跟着机构的课程看讲义和做真题，工作日有零碎时间的也可以做真题。

考生切记不能只听课，不做题，将做真题的时间放到7月开始，这样是致命的做法。听课和做题一定要同步进行，白天听完老师的授课，晚上就要做相应的真题。分类真题在7月之前要做1~2遍。再者，由于复习时间有限，高效复习非常重要。建议听课之前先预习讲义的内容，预习完将不理解的知识点标出来，带着问题听课效果会更好。预习-学习-复习，最重要的复习方式就是做真题。不要一味地追求复习时长而不注重效率，否则则只是感动自己。

进入7月，考生会选择暑期班或者自学。对于报班的考生，跟着机构的时间安排就行，在此之前最好将三大实体法和程序法过一遍，才不会被机构的授课进度拖着走。自学的考生一定要利用好暑期的时间进行背诵和做题。6月底之前完成三大实体法和诉讼法的学习，包括视频和真题。认为自己复习效果不佳或者没有完成全部听课内容的考生，不建议再听强化班的课程。结合背诵版讲义和课程，将剩余部分的学科听完即可。

总之，7—8月的考生，无论是报班还是自学，都要以背诵和做真题为主。

三、学科关联式复习策略

关联式复习方法更加适用于在校群体。由于在职群体的复习时间不充裕，建议这部分考生按照学科进行顺序式复习即可。

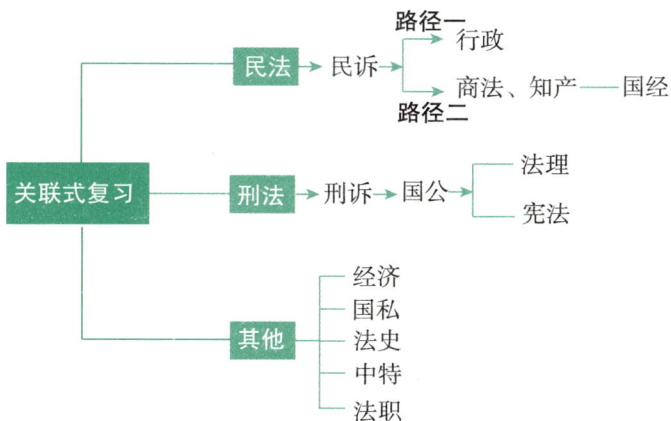

```
                                   路径一
                              ┌──────→ 行政
关联式复习 ─┬─ 民法 ── 民诉 ──┤
            │                 └──────→ 商法、知产 ── 国经
            │                   路径二
            │                                    ┌─ 法理
            ├─ 刑法 ── 刑诉 ── 国公 ──┤
            │                                    └─ 宪法
            │                   ┌─ 经济
            │                   ├─ 国私
            └─ 其他 ──┤─ 法史
                                ├─ 中特
                                └─ 法职
```

时间分配

12—次年 6 月，4—6 小时/天，7—9 月建议 8—10 小时/天

复习要点

1. 民法—民诉—行政法/商法/知产—国经

鉴于法考呈现因案设题的趋势，在解决实务案例的过程中，实体法和程序法是分不开的。学科之间融合度的加强，题目辨识度的降低，尤其主观题中会出现民法和民事诉讼法的结合。所以，实体法和程序法结合复习，对于应对目前的法考有极大的优势。这种复习方式比较适合有法律基础的考生。

考生在民法的授课中会学习到民事法律关系的三要素，即民事主体、民事客体和民事法律关系的内容。学会区分案例中的民事法律关系是学习民诉的前提，否则当事人是否适格，是否可以提起反诉，这些问题是无法解决的。民诉的重点是建构框架体系，包括从一审、二审到执行程序，其中都会涉及民法中民事主体之间的法律关系。行政诉讼法是脱胎于民事诉讼制度。在《行政诉讼法》生效之前，行政争议都是依据民事诉讼程序解决的。虽然现在行政诉讼法成了独立的诉讼类型，但是两者在诸多程序的规定上还是高度相似的。例如，《行政诉讼法》第 101 条规定"人民法院审理行政案件，关于期间、送达、财产保全、开庭审理、调解、中止诉讼、终结诉讼、简易程序、执行等，以及人民检察院对行政案件受理、审理、裁判、执行的监督，本法没有规定的，适用《中华人民共和国民事诉讼法》的相关规定。"

因此，建议考生学完民诉之后优先复习行政法，然后再复习商法和知产。

"民商合一"是我国民法学界普遍认同的观点，我国有民法典而没有商法典，有学者建议制定商法典，但是大部分学者认为民商一体，无需制定商法典。由此可见民法和商法的关联性很高。民法总则编中的民事主体包括自然人、法人和非法人组织。商法中的公司法、合伙企业法和企业破产法的相关内容均会涉及民法总则编的相关内容。公司法中的有限责任公司和股份有限公司都属于法人的范围，对于法人的相关规定同样适用于公司法；合伙企业是非法人组织的一种类型，民法和商法都会讲到相关内容。公司股权转让的效力也会以民法中民事法律行为效力的判断为准，涉及代理制度和合同法的内容。

同样的，考生在公司法的学习中必然会涉及民诉法的内容，例如股东代表诉讼中，当公司的合法权益受到侵害而公司怠于起诉时，公司的股东可以自己的名义起诉，所获赔偿归公司。在这个制度中，既会涉及商法的内容也会涉及民诉的知识点；在企业破产法中，破产案件的司法程序也包含了民诉法的内容。

因此，建议考生先学习民法和民诉，将实体法和程序法之间的衔接理清楚。而商法作为特别法，放到后面学习就会比较容易理解。

也即，在复习完民法和民诉后，考生可以选择复习行政法或者商法。这是两种不同的复习路径，但是由于行政诉讼法是脱胎于民诉的，建议考生按照民法－民诉－行政的路径进行复习。

国际经济法是一门专业性很强的学科，但是法考不会考的很难，减轻了考生的压力。国经中重要的考点就是1980年《联合国国际货物销售合同公约》的内容，而我国1999年制定的《中华人民共和国合同法》就是以公约的内容为参考制定的。所以在学习完民法和商法之后，再复习国际经济法，考生会觉得老师讲解的内容亲切无比。

2. 刑法—刑诉—国公—法理、宪法

刑法和刑事诉讼法是实体法和程序法的关系，刑事诉讼中的管辖，对犯罪嫌疑人采取何种强制措施都会涉及其具体罪名。例如，法院受理的案件类型中有一类是告诉才处理的案件，包括侮辱、诽谤案、暴力干涉婚姻自由案、虐待案和侵占案（侮暴虐侵）。只有确定行为人的犯罪类型，才能决定由哪类机关进行管辖。

刑法、刑诉和国际公法都属于公法的范围，前两项规范国家和个人之间的法律关系，后者规范国家与国家之间的法律关系。国际公法中也会涉及司法管辖、国际争端的解决方式。刑事诉讼法和民事诉讼法都会有涉外司法协助的规定。

法理学在法学体系中占有重要地位，它是通过对所有部门法材料进行高度抽象概括来获得的。因此，法理学和部门法学之间是"一般"与"特殊"的关系。法理学和宪法学关联紧密，例如，法理学从概念上探讨法治的内涵，宪法的规则制定则是对法治的具体体现。

3. 其他

除了上述学科，法考的其他学科侧重于记忆，这类学科之间也有关联性，但是由于法考备考时间有限，只需记住知识点就可以。这类学科包括经济法、中特、中外法制史、法律职业伦理等。

[注意] 该复习方式只是复习顺序上的差异，但是方法是不变的。无论你是从12月开始复习，还是从五六月开始复习，都建议听课和做真题同步进行，7月再开始做真题为时已晚。6月底之前一定要完成第1轮的复习，然后从7月份开始第2轮复习。第1轮复习时，按照关联式的复习方法，将各科复习1~2遍；第2轮复习时，先将记忆性学科跟着老师的课程复习一遍，然后开始进行全科的复习，包括做题和背诵。至于怎样做真题，怎样背诵，请参考上面的详细讲解。

一、报考常识

1. 报考资格

（1）参加本年度客观题考试成绩达到合格线（享受放宽政策考生成绩达到放宽线）的，可报名参加主观题考试。

（2）前一年度通过客观题考试，未通过主观题考试的考生，本年度可径行报名主观题考试。

2. 考试内容与考查学科

（1）试卷构成

主观题考试为一卷，包括案例分析题、法律文书题、论述题等题型，分值为180分。具体考查科目为：

中国特色社会主义法治理论、法理学、宪法、刑法、刑事诉讼法、民法、商法、民事诉讼法（含仲裁制度）、行政法与行政诉讼法、司法制度和法律职业道德①。

（2）学科参考分值统计（考生回忆）

年份	总分	理论法	刑法	刑诉	民法	民诉	行政法	商法
2020	180	32	34	30	29	20	28	35
2019	180	38	36	27	20	24	27	35
2018	180	38	30	30	27	17	28	38

3. 考试时间

国家统一法律职业资格考试的具体考试日期和相关安排在举行考试三个月前向社会公布。根据相关工作部署，具体报名日期、考试日期将在考试当年的考试公告中明确。

---

① 宪法、司法制度和法律职业道德在主观题考试中一般处于列而不考状态。

一般来说，10 月中旬进行主观题考试，11 月底公布主观题成绩。

主观题考试具体时间为：9：00—13：00，总计 240 分钟。

法考主观题考试相关时间表

年份	客观题成绩公布/主观题报名时间	打印准考证时间	考试时间	备考周期	成绩公布时间
2020	11 月 10 日—11 月 14 日	11 月 23 日—11 月 27 日	11 月 28 日	18 天	2021 年 1 月中旬
2019	9 月 7 日—9 月 11 日	10 月 8 日—10 月 12 日	10 月 13 日	36 天	11 月 30 日
2018	9 月 27 日—9 月 30 日	10 月 15 日—10 月 19 日	10 月 20 日	23 天	11 月 30 日

4. 其他重要事项①

（1）应试人员能否自行选择主观题考试考区？

客观题考试成绩合格人员，应当选择到客观题考试报名地所在的省（区、市）司法行政机关设置的考区参加主观题考试。司法行政机关将按照主观题考试报名人数、交通便利、考试资源条件等因素集中设置主观题考试考区考点。

客观题考试保留有效成绩人员在确认报名参加主观题考试时，可以选择在工作、生活地所在省（区、市）司法行政机关设置的考区参加主观题考试。

［提示］部分省（区、市）会将辖区内某些城市设为纸笔化考区，报名在这些城市计算机考试的考生将会就近分配到其他考区。具体请关注各省（区、市）相关信息平台。

（2）主观题考试中应试人员什么情况下可以选择使用纸笔答题方式，纸笔答题方式与去年比有什么不同？

应试人员因身体、年龄等原因使用计算机确有困难的，可以申请使用纸笔答题方式；选择使用少数民族语言文字试卷的，实行纸笔答题方式。今年纸笔答题方式与去年的不同是不发放纸质试卷，只发放答题纸。试题、答题要求和法律法规汇编均在计算机显示屏上显示，应试人员在答题纸上作答。

（3）主观题考试是否为应试人员配发法律法规汇编？

主观题考试由司法行政机关为应试人员统一提供电子法律法规，应试人员可在计算机上查询。

（4）主观题考试支持哪些输入法？

法律职业资格考试主观题考试系统支持 5 种输入法，具体为：搜狗全拼输入法、QQ 全拼输入法、谷歌双拼输入法、搜狗五笔输入法（86 版）、极品五笔输入法

---

① 摘取自《2020 年考试公告相关政策问答》。

（86 版），港澳考区应试人员也可以选择使用仓颉输入法和速成输入法，应试人员使用其中一种输入法作答，不支持手写板、语音等辅助输入设备与软件。应试人员可以提前熟悉使用以上输入法。

（5）应试人员确认参加主观题考试时能否修改本人报名信息？

客观题考试成绩合格人员和客观题考试保留有效成绩人员，报名确认参加主观题考试时，除因申请享受放宽政策、选择变更考区以及个人姓名、身份证信息错误需要修改外，其他报名信息不可修改。

［提示］二战主观题考生在报名时，将会自动沿用前一年度参加考试时上传的照片，不可更改。

二、主观题资料常识

（一）官方图书介绍

《国家统一法律职业资格考试案例分析指导用书》（以下简称《案例分析指导用书》）

《案例分析指导用书》分为上下册，俗称"官方案例""案例指导"，由国家统一法律职业资格考试案例分析指导用书编辑委员会编著。出版时间与《考试大纲》一致。

上册包含刑法、刑事诉讼法、行政法与行政诉讼法；

下册包含民法、商法、民事诉讼法与仲裁制度。

《案例分析指导用书》每科提供 8~20 个案例，同时还有一定数量的刑事进阶、民事进阶、行政进阶案例。该书贴合法考主观题命题趋势，综合性考查程度较高，对重点知识、前沿理论均有所涉猎。但该书无配套课程，故不适合考生自主复习使用。

作为官方编著的指导用书，《案例分析指导用书》在主观题考试中有一定的借鉴意义。但三届法考以来，其中的案例更新程度极低，每年除增添或替换几个案例，更多的是删减案例。由于"案例化""实务化"考查趋势越发明显，《案例分析指导用书》不及时进行更新，难免会存在指导意义上的滞后性。此外，针对《案例分析指导用书》存在一定瑕疵的内容，一般情况下，各机构授课老师都会在自媒体平台上发布"勘误"、"纠偏"、"答案商榷"等内容。

因此，建议考生在使用《案例分析指导用书》的过程中，配合好老师的讲解课程，以免因为书中的一些"瑕疵"致使分析思路被错误引导。

［注意］法考老师授课及书中所提到的指导案例一般指的是"最高人民法院指导性案例"，并非《案例分析指导用书》。因指导性案例内容浩如烟海，实务性很强，考生阅读起来有很大难度，因此需要老师对具有考查意义的案例进行教学上的

"过滤";

对于法考备考考生而言，只需要学习老师们精心挑选编入图书或讲义中的案例即可。单纯地阅读案例内容及裁判要旨并不能有效吸收其中的精华，考生也无法辨别哪些案例对法考备考有实质上的帮助，切勿自学指导案例，也无须购买相关题材的图书。

（二）常见图书介绍

在主观题阶段，机构出版的图书划分更加精准细致，让备考主观题考生在有限的时间内能够集中精力进行突破备考复习。

1. 精讲系列

主观题精讲是为二战主观题考生量身打造的精讲类教材，与客观题精讲相比主观题精讲在写作内容和写作体例上都有一定的调整，针对性更强。

公法类学科主观题精讲教材，通常会删除非主观题考点，增加主观案例等内容，更利于二战主观题考生全面、系统地吸收学科知识。

私法类学科主观题精讲教材的应试特征则更为明显，不论在形式上还是内容上，较之客观题精讲教材都有一定区别。内容上删除了大量非主观题考点，构建主观题专属知识体系，针对性极为突出。形式上也有所创新，增加了与其他私法学科命题交叉板块，以适应学科融合的考查趋势。

我校的主观题精讲教材名为《主观题专题讲座·基础版》，市面上其他同类图书一般称为"主观题精讲"。主观题精讲系列图书出版时间一般为考试当年4—5月，专供二战主观题考生使用。一战主观题考生由于备考时间紧促等因素限制，并不适合使用此系列图书。

2. 冲刺系列

主观题冲刺是主观题考前阶段冲刺复习的重点教材，其写作模式具有极强的指向性。

一般来讲，主观题冲刺图书都会包含知识点回顾、方法论指引和模拟题演练三部分内容。

知识点回顾部分，不同的老师会依据学科特点采用各种内容元素带领考生快速回顾主观题可能考查的知识点。

方法论指引部分，各科老师会总结历年考查规律，抽离出共性内容，归纳学科应试技巧。部分学科还会以真题为例，逐步拆解题干，透视命题考查意图，引导出正确答案。

模拟题演练部分，是各科老师依照真题的考查模型，结合具有命题意义的现实案例改编而成的仿真模拟题，基本能涵盖重要考点和热门考点。

我校的主观题冲刺图书名为《主观题专题讲座·冲刺版》，市面上其他同类图书一般也称为"主观题冲刺"。主观题冲刺系列图书一般在客观题考试前后出版，服务于所有参加本年度主观题考试的考生，是备战主观题的重要工具书。

3. 真题系列

真题对大多数考试而言意义重大，对法考来说更是自不待言。

在司法考试改革为法律职业资格考试后，坊间流传起真题不再具有价值的论调，此种观点是有失偏颇且无科学论证的。通过对过去三年法考主观真题的研究，我们可以明显地看出部分学科的考查形式仍延续了司考年代的某些特征。以刑法为例，设问形式仍维持着一问一答式和综合分析式两种，考查内容上也依旧是犯罪论、刑罚论和分则重点罪名，只是在案情复杂程度上有所增加。

司考年代的真题和法考年代的真题及模拟题是初阶案例与进阶案例的关系，如果初阶内容尚未完全掌握就一味的追求进阶内容，是非理性的。

主观题真题图书一般收录8—10年真题，个别学科根据学科特点可能会收录更多的年份。在写作模式上，除了逐题分析并给出规范答案外，其中对整个案例细节捕捉投射出的法律问题对照表是重要的亮点。考生只有通过对主观题真题的反复练习，才能学会把知识的输入变成答题话术的输出，进而顺利地通关法考。

主观题真题一般在客观题考试前后随冲刺图书一并出版，我校的主观题真题图书名为《主观题·真题破译（图解版）》，市面上其他同类图书还有《主观题历年真题破译》。

4. 模拟系列

主观题模拟试卷是在法考新考查模式下，依据真题的命制方式进行编写的案例，使考生在考前能有效地适应法考时代的综合性考查方式，突破应试瓶颈。

我校的主观题模拟试卷名为《主观题·点睛密卷（新题型）》，市面上同类图书还有《主观题实战演练》《主观题模拟四套卷》等。主观题模拟试卷和其他主观图书一同在客观题考试前后出版。

5. 法条系列

在主观题阶段，法条的重要性陡然上升。因为司法部官方案例指导用书的答案中，往往采用的是"三段论"形式，其中大前提即为法条。对于诉讼法、商法等注重法条引用的学科来说，在不能释明答案要旨的情况下，引用法条来答题是不错的选择。而能否正确地引用法条，主要是靠对法条的熟悉及快速定位能力，这时就凸显了法条图书的重要性。

我校的主观题法条图书名为《主观题·法条指引（检索版）》，市面上其他同类图书还有《法律法规一本通》《主观题应试重点法条解读》等。主观题法条和其他主观图书一同在客观题考试前后出版。

6. 主观题学习包简介

（1）结构及适用对象

主观题学习包包含精讲教材、法条①、冲刺教材、历年真题、模拟试卷五大系列图书，其中主观题精讲只针对二战主观题考生，其余图书一战及二战主观题考生均可使用②。主观题学习包主要适合自制力强、有一定法学基础的考生使用。

（2）主观题学习包图书配课说明表

图书种类	精讲教材	冲刺教材	历年真题	主观密卷	主观法条
是否配课	是	是	是	否	否

---

① 针对二战主观题考生，主观题学习包提供法条图书《法律法规汇编（速查版）》，不提供《主观题·法条指引（检索版）》。

② 除主观题精讲教材之外，其余图书均包含在后期的主观题冲刺包内。

主观题考情篇 | 第五部分

PART FIVE

对于刚刚收到客观题成绩捷报的同学来说，你们马上就要面对主观题的考验，只有通过了主观题考试才算是真正的胜利。但是我们很多同学对于主观题的考查形式、考查难度等还没有一个正确的认知。下面我们就谈谈主观题和客观题二者之间的区别。

一、客观题和主观题的区别

1. 考查维度不同

客观题本质上是一种判断题，判断所依据的是题干信息和选项信息。只需要考生通过题干和选项判断出考点即可。因此，客观题真题图书中"解析"的主要作用在于帮助考生回顾之前学过的知识点、了解此类题目的惯常考法、明确与之相关联的考点、洞悉常见陷阱等等。

主观题首先需要考生能够准确地破译题干，明确题干背后的考点和法律关系。不仅如此，还要把答案按照一定的逻辑顺序简明扼要地写出来。这对考生的要求是很高的。很多考生觉得主观题难，最根本原因并不在于"考生不知道考什么"，因为之前经过客观题阶段反复多轮的复习，对于相关考点已经熟悉。之所以觉得主观题难主要在于"考生根本不知道该怎么写"，考生答案千奇百怪，要么抄题干，要么把"答案"写成了"答案解析"。我提醒大家，进入主观题复习阶段后，多写固然重要，但是要注意，不管你是一战主观题还是二战主观题，千万不要把"答案"写成"答案解析"。答案=结论+理由，先给出结论，然后简要说明理由，该引用法条的引用法条。

2. 考查要求不同

客观题前面已经提到了，本质上是一种判断题。首先，客观题的考点相对顺序化；其次，选项即焦点；最后，便于锁定。考生做客观题其实就是在做判断题，考查的是考生的判断能力，判断的依据是选项信息和考生记忆中的知识。考生判断的过程，其实就是将平日所学知识，对接到本题题干信息，然后对四个选项做出判断，

47

选出符合题意要求的选项。在此意义上而言，客观题难度比主观题难度要低得多。

主观题本质上是思路题，与客观题相比，有两个特点：

（1）考点范围不遵循先后顺序，考生需要阅读题干（将书面语翻译成法律用语）才知道本题的考点分布范围，而考点间一般没有先后关系。

（2）设问形式以具体设问为主，开放设问为辅（刑法学科或刑诉学科当中纯理论性考点）。具体设问中，每个设问即本题焦点问题。虽然也多表现为判断形式，但没有选项作为提示，考生只能结合题干信息和掌握的知识点对本案中的焦点问题做出解答。

虽然主观题会有判断题的表现形式，但本质上还是思路题。以民商法题目为代表，因一般情况下会涉及多方当事人，法律关系也更加复杂，需要考生掌握画图能力，通过画图理清当事人之间的各种法律关系，一方面可以节省答题时间，另一方面也防止遗漏考点，不至于失分。

二、主观题考情总体分析

1. 综合性考查趋势增大

法考改革以前的题目基本上都是单科考查，民法的题目考民法，刑法的题目考刑法。但是法考改革后主观题卷出现了跨科目考查的题目。例如以下这道被考生戏称为"夺命13问"的题目就是一道跨科目考查的题目。

[案情]

甲公司中标了某地块的开发权，与乙公司签订合同，由乙公司负责建筑施工，但甲公司未支付工程款项，于是甲公司和乙公司协商又重新达成协议，将甲公司之前的欠款本金8500万元作为对乙公司的借款，乙公司同意以未完成的工程做抵押向银行贷款2亿元，甲公司偿还借款5000万元后剩余的1.5亿元作为资本继续开发。

......

后甲公司负债累累，有债权人向a省b市法院提出破产申请，a省b市法院受理了申请。之前与甲公司有购货合同的丁公司向甲公司发货，已经发货后，收到了破产通知，遂通知卡车返回。丙公司申报破产债权，被乙公司拒绝。丙公司遂向法院提起诉讼。

[问题]

1. 乙公司签订补充协议的行为是否属于表见代理？为什么？

2. 甲公司与丙公司的合同是否无效？韩某的行为如何定性？为什么？

3. 甲公司是否有权解除与丙公司的委托合同？为什么？

4. 若甲公司到期无法偿债，丁是否有权取得房屋的所有权？

5. 甲公司与丁的房屋买卖合同能否看成物权担保？为什么？

6. 甲公司是否有权解除与乙公司的合同？为什么？

7. 乙公司对甲公司的工程房屋是否有优先权？为什么？优先权的范围是什么？

8. 若甲公司能证明仲裁协议是乙公司私自用甲公司公章盖的，g省c市的仲裁决议是否有效？为什么？

9. 若甲公司要撤销仲裁裁决应向哪个法院提出？

10. 如果一审法院判决甲公司败诉，甲公司在上诉中能否变更诉讼请求？为什么？

11. 若甲公司被受理破产后，a省b市法院能否将债权人诉讼交由其他法院管辖？

12. 有仲裁协议的合同，一方破产，另一方提起财产纠纷的，应由仲裁委管辖还是法院管辖？

13. 若乙公司将本金和利息分两次提起诉讼，是否属于重复起诉？

大家可以发现，这道题目13问中有7问考查的是民法的相关考点，包括民法总则编、合同编、物权编等等。5问考查的是民事诉讼法和仲裁法的相关考点，包括管辖、起诉、仲裁协议的效力、仲裁裁决的撤销等等。剩下一问考查的是商法中的破产法。

2019年主观题考试中同样出现了民商综合案例，其中民法5问，民诉1问，商法3问，民商综合1问，考查的知识点涉及民法中的债权人的撤销权、夫妻共同债务，商法中的股权质押，以及民诉中的第三人撤销权、执行异议等知识点。

这种民商综合的命题方式打破了以往单科命题的界线，在一个案例中考查多个科目的知识点，会成为今后法考命题的大趋势。命题人往往是将实体法和程序法进行综合，如民法和民诉相结合、商法和民诉相结合、刑法和刑诉相结合等等。考生在学习实体法的时候，对于可能会和程序法发生关联的考点要格外关注。例如在学习民法的时候，既然你能够识别出属于违约或者属于侵权，那你就要多想一步，如果双方当事人协商不成，这个争议怎么解决？是提起诉讼还是申请仲裁？如果提起诉讼，要向哪个地方的哪一级法院提起诉讼？在诉讼过程中出现各种状况都应该怎么去解决？这些都要想到，思维要放开。

2. 实务化导向明显

大家都知道，法考的题目很多都改编自司法实践中真实发生的案件，法考改革以后，这种题目的数量大大增加了，实务化的色彩更加浓厚。例如近两年客观题试卷中出现了"高速公路撒钉子案""高空坠狗案""陨石归属案"等由热点案件改编的案例。在2019年的客观题中同样出现了"昆山龙哥反杀案""共享单车案"

"花呗、微信、U盾盗刷案"等热点案件。考生会明显地感觉到，法考改革后的案件更加贴近生活，更加接地气。这些案例基本上都是来自最高人民法院发布的指导性案例，将这些真实发生过的案例通过改编，使之成为法考真题。

不仅客观题如此，主观题也是一样。例如2019年法考主观卷中的行政法真题的原型，就是来源于《最高人民法院指导案例59号：戴世华诉济南市公安消防支队消防验收纠纷案》。主要考查行政确认的概念、行政确认与行政许可的区别以及行政诉讼的受案范围等等。

[案情] 建设单位在李某的门前设有消防设施，市公安消防支队对其消防设施抽查后作出《建设工程消防验收备案结果通知》。李某认为消防栓的设置和建设影响了其生活而消防支队却验收合格，严重侵犯了其合法权益，遂向法院起诉，请求依法撤销市公安消防支队批准在其门前设置的消防栓通过验收的决定；依法判令被告责令报批单位依据国家标准限期整改。

……

材料：《消防法》① 第4条规定："……县级以上地方人民政府公安机关对本行政区域内的消防工作实施监督管理，并由本级人民政府公安机关消防机构负责实施……

《消防法》第13条规定："按照国家工程建设消防技术标准需要进行消防设计的建设工程竣工，依照下列规定进行消防验收、备案：（二）其他建设工程，建设单位在验收后，应当报公安机关消防机构备案，公安机关消防机构应当进行抽查。依法应当进行消防验收的建设工程，未经消防验收或者消防验收不合格的，禁止投入使用；其他建设工程经依法抽查不合格的，应当停止使用。"

[问题]

1.《建设工程消防验收备案结果通知》是否属于行政诉讼的受案范围？为什么？

2.《建设工程消防验收备案结果通知》属于什么性质的行为？

3. 被告能否在二审中撤销《建设工程消防验收备案结果通知》？

所以大家平时备考的时候，不要机械地去记法条、记知识点，要结合具体的案例去理解，法条是固定的，但是实际发生的案例却是五花八门、多姿多彩的。只有多看案例，多思考，才能够更加深刻地理解知识点，理解立法背后的原理。也唯有如此，才能够真正掌握用法律解决实际案例的能力。

3. 开放性趋势明显

从最近几年法考主观题的考试情况来看，观点展示题目的数量逐年递增，且难

---

① 为2008年修订版本，现已失效。

度不断加大，从刚开始的"可以"答出不同观点，到后来的"必须"答出不同观点，而且必须要说明理由。这说明，现在法考题目的开放性趋势越来越明显。我们以 2018 年刑法主观题为例。

[案情] 王某组织某黑社会性质组织，刘某、林某、丁某积极参加。一日，王某、刘某在某酒店就餐，消费 3000 元。在王某结账时，收银员吴某偷偷调整了 POS 机上的数额，故意将 3000 元餐费改成 30000 元，交给王某结账。王某果然认错，支付了 30000 元。

……

武某等人见状遂让四人离开。王某上车以后气不过，让刘某"好好教训这个保安"，随即开车离开。刘某随即让林某、丁某二人开枪。林某、丁某二人一人朝武某腿部开枪、一人朝腹部开枪。只有一枪击中武某腹部，导致其死亡，现无法查明是谁击中。

[问题]

1. 关于吴某的行为定性，有几种处理意见？须说明理由。

2. 王某、刘某对吴某构成何罪？须说明理由。

3. 王某、刘某、林某、丁某对武某的死亡构成何罪？（其中王某的行为有几种处理意见？）须说明理由。

大家发现，这道题目一共三问，其中有两问都涉及了观点展示，要求考生答出至少两种观点，这种考法是目前以及今后法考主观题的常态。要想做对这种题目，就要求我们考生在平时备考的时候，就某一个争议问题，不仅要掌握通说的观点，而且要掌握一种少数观点。少数观点掌握一种即可，不用太多。

考生在平时备考的时候，对于涉及多种学说的知识点要注意整理归纳，以刑法为例，事实认识错误中的打击错误、事前故意、构成要件的提前实现，偶然防卫、偶然避险，盗窃罪的手段等，都存在观点展示的问题，有些在主观题中会重复考查。例如事前故意、构成要件的提前实现在主观题中就多次考到，一定要重视。

4. 整体呈现难度加大的趋势

通过以上三点，大家可以发现，法考主观题整体呈现难度加大的趋势。之所以如此，是因为客观题和主观题对考生考查能力的要求是不一样的，客观题考查的是考生对基础知识点的理解和记忆，考生普遍会感觉到相对简单，通过率也比较高。而主观题考查的是考生的法律适用能力，即把案件事实和大脑中的法律知识迅速建立起联系，能够运用法律知识去分析问题，解决问题。

法考改革后，之所以规定客观题合格成绩两年内有效，目的就是使得那些通过了客观题而没有通过主观题的考生，在第二年不用再准备客观题，全力以赴提升自己的法律适用能力，补齐法律实践经验不足的短板，提高运用法律分析问题、解决问题的能力。通过这样的一种制度设计，最终选拔出一批具备法律知识，又有法律思维的法治人才。

三、各科考情分析及备考注意事项

1. 中国特色社会主义法治理论

（1）考情分析

主观题卷中第一题每年固定为法治理论的论述题。从 2015 年到 2019 年这 4 年考查的形式都是"两三段材料+一个问题+一个要求"。

① "两三段材料"大多出自中央文件或者习近平总书记的讲话，如《中共中央关于全面推进依法治国若干重大问题的决定》；党的十九大中关于法治的论述；习近平总书记关于法治的论述；《中国共产党政法工作条例》；习近平在十八届中央政治局第四次集体学习时的讲话等等。

② "一个问题"通常的表达方式"请根据材料，结合 A 谈谈 B"，在 B 的部分，A 和 B 都是常规的考点，重点考查考生对知识、理论融会贯通的能力，增加论述的难度。对于中国特色社会主义法治理论，2020 年辅导用书 23 页内容，建议大家把框架性知识点一字不差地掌握，需要理解的内容可以用自己的话表述。

③ "一个要求"一般都是观点、表述、字数等，防止考生抄原文，另外就是字数要求，字数太少肯定丢分，考虑到标点符号问题，一般就是到指定字数多一两行为宜。

（2）备考注意事项

中国特色社会主义法治理论的内容主要包括两大部分：中国特色社会主义法治建设的基本原理与法治工作的基本格局和重要保障。针对这两部分内容，考生备考过程中应注意以下两点：

①中国特色社会主义法治建设基本原理的内容主要包括推进全面依法治国的意义、指导思想、总目标、基本原则以及新时代深化依法治国实践的主要任务，考点主要集中在对各项基本原则的内容的理解，例如，坚持共产党的领导、坚持人民的主体地位，依法治国和以德治国相结合等原则。考生复习本部分要加强对理论的理解和记忆。

②法治工作的基本格局和重要保障的内容主要围绕完善中国特色社会主义法律体系、推进依法行政、保证司法公正、增强全民法治观念的要求进行考查。考生在复习这部分时，要注意结合具体的实践、新规定和改革措施进行理解，建立知识点与时事热点问题之间的联系。

2. 刑法

从司考时代到法考时代，刑法的考试题型总结起来其实就两种，一问一答式和综合分析式。

（1）一问一答式

类型1：2013年真题

甲与余某有一面之交，知其孤身一人。某日凌晨，甲携匕首到余家盗窃，物色一段时间后，未发现可盗财物。……（事实一）

逃跑中，因身上有血迹，甲被便衣警察程某盘查。程某上前拽住甲的衣领，试图将其带走。甲怀疑遇上劫匪，与程某扭打。……（事实二）

……

[问题]

1. 就事实一，对甲的行为应当如何定性？理由是什么？

2. 就事实二，对甲、乙的行为应当如何定性？理由是什么？

……

此种类型的题目主要出现在2013年以前，2013年以后就很少考到了。题目通常是给出5~6个事实，针对每一个事实分别设问。由于各个事实之间基本上没有关联，所以考生没有必要通读全文后再作答，<u>只需要看一问答一问即可</u>，难度较小，考生比较容易拿分。

类型2：2018年真题

王某组织某黑社会性质组织，刘某、林某、丁某积极参加。一日，王某、刘某在某酒店就餐，消费3000元。

……

[问题]

1. 关于吴某的行为定性，有几种处理意见？须说明理由。

2. 王某、刘某对吴某构成何罪？须说明理由。

3. 王某、刘某、林某、丁某对武某的死亡构成何罪？（其中王某的行为有几种处理意见）？须说明理由。

此种类型的题目无论是以前的司考时代还是现在的法考时代，都有出现。案情分成几个自然段，不分事实，通常设3~5个问题，每一个问题都是针对案情中的某一个情节进行设问。考生做这种题目一定要先看问题，<u>搞清楚问什么，然后带着问题阅读案情</u>，这样读题才更有针对性，从而摒除无用信息的干扰。

切记，看清楚问题，<u>问什么答什么，没有问的不要作答</u>。比如，上题中第3问，问的是"王某、刘某、林某、丁某对武某的死亡构成何罪"，很多考生因为马虎大意，没有注意到题目问的是对武某的死亡构成何罪，花费了大量的时间对四个人的所有罪行分析了一通。尽管这其中也包括对武某的刑事责任，但是做了很多的无用功，挤占了其他试题的答题时间，很可能会导致主观题卷答不完。所以切记，做这种题目一定要先看问题，带着问题看案情。

（2）综合分析式

2019 年真题（回忆版）：1995 年 7 月，在甲市生活的洪某与蓝某共谋抢劫，蓝某事前打探了被害人赵某的行踪后，二人决定在同年 7 月 13 日晚 20 点拦路抢劫赵某的财物……

[问题]

请按案情描述顺序分析各犯罪嫌疑人所犯罪行的性质、犯罪形态与法定量刑情节及其他需要说明的问题，并陈述理由；如就罪行的性质、犯罪形态等存在争议，请说明相关争议观点及其理由，并发表自己的看法。

此种类型的题目最早出现于 2014 年，此后 2015 年、2017 年、2019 年刑法主观题都是综合分析式，基本呈现出隔年考的趋势。这种题目通常案情部分篇幅很长，但是问题很简单，就一句话，要求考生回答若干主体的刑事责任。

这个刑事责任通常包括：是否构成犯罪，构成何罪，犯罪形态如何，是否存在共同犯罪，如果有人触犯了数个罪，最终怎么处理，定一罪还是数罪并罚，是否存在自首、立功等量刑情节等等。

这种类型的题目是刑法主观题中难度最大的，之所以说难度大，那是因为这种题目重在考查考生的三种能力：

一是快速阅读能力。由于综合分析式题目的案情篇幅比较长，而且案情复杂，这就要求考生具备快速阅读能力，从中萃取关键事实，并且将案件事实和相关考点快速建立起联系。

二是综合分析能力。由于这种类型的题目要求考生答出每一个主体的刑事责任，那就意味着必须要对每一个主体的每一个行为进行分析，所以思考务必全面，稍有不慎就会遗漏从而失分。

三是组织答案能力。考生不仅要能够通过阅读案情，分析出每一个主体的刑事责任，而且能够把每一个主体的刑事责任清晰地展示在卷面上，要条理清晰，不能模糊一团，否则也会导致失分。

对于综合分析式的案例，我们在做题的时候要注意以下几点：

第一，层次要分明。在阅读案情的时候，要以人物为主线，按照时间顺序，对行为人所实施的每一个行为进行分析，分别回答出各个行为人的刑事责任。如果涉及共同犯罪，从答题的简洁性角度来说，对于共同犯罪部分可以合并作答。

第二，思考要全面。在对行为人的行为进行分析的时候，要按照定罪-量刑的顺序进行分析，务必全面。

下面是一名考生的答案与标准答案的差距：

[案情] 国有化工厂车间主任甲与副厂长乙（均为国家工作人员）共谋，在车间的某贵重零件仍能使用时，利用职务之便，制造该零件报废、需向五金厂（非国有企业）购买的假象（该零件价格26万元），以便非法占有货款。甲将实情告知五金厂负责人丙，嘱丙接到订单后，只向化工厂寄出供货单、发票而不需要实际供货，等五金厂收到化工厂的货款后，丙再将26万元货款汇至乙的个人账户。

丙为使五金厂能长期向化工厂供货，便提前将五金厂的26万元现金汇至乙的个人账户。乙随即让事后知情的妻子丁去银行取出26万元现金，并让丁将其中的13万元送给甲。3天后，化工厂会计准备按照乙的指示将26万元汇给五金厂时，因有人举报而未汇出。甲、乙见事情败露，主动向检察院投案，如实交代了上述罪行，并将26万元上交检察院。

此外，甲还向检察院揭发乙的其他犯罪事实：乙利用职务之便，长期以明显高于市场的价格向其远房亲戚戊经营的原料公司采购商品，使化工厂损失近300万元；戊为了使乙长期关照原料公司，让乙的妻子丁未出资却享有原料公司10%的股份（乙、丁均知情），虽未进行股权转让登记，但已分给红利58万元，每次分红都是丁去原料公司领取现金。

[问题] 请分析甲、乙、丙、丁、戊的刑事责任（包括犯罪性质、犯罪形态、共同犯罪、数罪并罚与法定量刑情节），须答出相应理由。

标准答案	考生答案	说明
甲、乙利用职务上的便利实施了贪污行为，虽然客观上获得了26万元，构成贪污罪，但该26万元不是化工厂的财产，没有给化工厂造成实际损失；甲、乙也不可能贪污五金厂的财物，所以，对甲、乙的贪污行为只能认定为贪污未遂	甲、乙作为国家工作人员，利用职务便利，侵吞公款26万元，构成贪污罪	考生对贪污罪的定性是正确的，但是对犯罪形态判断错误，原因在于没有发现这26万元并非公款（丢2分）

甲、乙犯贪污罪后自首，可以从轻或者减轻处罚。甲揭发了乙为亲友非法牟利罪与受贿罪的犯罪事实，构成立功，可以从轻或者减轻处罚	甲、乙主动向检察院投案，如实交代贪污罪行，构成自首。甲还向检察院揭发乙的其他犯罪事实，构成立功	1. 考生虽然判断出了自首、立功，但是忽视了量刑，一定要写出来。（丢2分） 2. 揭发他人犯罪，具体什么罪要写出来（丢1分）
乙长期以明显高于市场的价格向其远房亲戚戊经营的原料公司采购商品，使化工厂损失近300万元的行为构成为亲友非法牟利罪。乙以妻子丁的名义在原料公司享有10%的股份分得红利58万元的行为，符合受贿罪的构成要件，成立受贿罪。对于为亲友非法牟利罪与受贿罪以及上述贪污罪，应当实行数罪并罚	乙利用职务之便，长期以明显高于市场的价格向其远房亲戚戊经营的原料公司采购商品，使化工厂损失近300万元，构成为亲友非法牟利罪。乙的妻子丁未出资却享有原料公司10%的股份，构成受贿罪	1. 受贿罪的主体是国家工作人员，乙的妻子不构成受贿，构成受贿罪的是乙。（丢2分） 2. 如果一个主体构成多罪，一定要说明是定一罪还是数罪并罚（丢1分）
丙将五金厂的26万元挪用出来汇给乙的个人账户，不是为了个人使用，也不是为了谋取个人利益，不能认定为挪用资金罪。但是，丙明知甲、乙二人实施贪污行为，客观上也帮助甲、乙实施了贪污行为，所以，丙构成贪污罪的共犯（从犯）	丙知道甲、乙二人要贪污公款，还将五金厂的26万元挪用出来汇给乙的个人账户，为甲、乙的贪污提供了帮助，属于贪污罪的帮助犯	不但要指出构成何种犯罪，还要指出不构成何种犯罪。本处缺少对不构成挪用资金罪的表述（丢1分）

丁将 26 万元取出的行为,不构成掩饰、隐瞒犯罪所得罪,因为该 26 万元不是贪污犯罪所得,也不是其他犯罪所得。丁也不成立贪污罪的共犯,因为丁取出 26 万元时该 26 万元不是贪污犯罪所得。丁将其中的 13 万元送给甲,既不是帮助分赃,也不是行贿,因而不成立犯罪。丁对自己名义的干股知情,并领取贿赂款,构成受贿罪的共犯(从犯)	丁去银行取出 26 万元现金,并将其中的 13 万元送给甲,构成贪污罪的帮助犯。 乙知道妻子未出资却享有原料公司 10% 的股份,也知道妻子参与了分红,构成受贿罪共犯	1. 由于一开始对 26 万元的定性错误,误以为是公款,导致此处将丁误认为贪污罪共犯。(丢 2 分) 2. 对于丁将 13 万元送给甲的行为,如果无罪,也要做无罪分析,为什么无罪,给出理由(丢 1 分)
戊作为回报让乙的妻子丁未出资却享有原料公司 10% 的股份,虽未进行股权转让登记,但让丁分得红利 58 万元的行为,是为了谋取不正当利益,构成行贿罪	戊为了使乙长期关照原料公司,让乙的妻子丁未出资却享有原料公司 10% 的股份,构成行贿罪	/

第三,答案要多元化。刑法中很多问题没有唯一的结论,可能会涉及多种观点,如死者占有问题、对诈骗罪中处分意识的理解。知识点本身就存在不同观点,所以考生在答题时务必注意,不能只答一种观点,否则会失掉很多分数的。

3. 刑事诉讼法

纵观法考历年真题,刑事诉讼法这个科目在主观题中考查的题型主要有三种。

(1)程序分析题

刑事诉讼法本质上属于程序法,所以对程序的考查永远是法考的主旋律。而对程序的考查方式具体可以分为两种:

①知识简答

这种类型的题目是通过设问的方式考查考生对某个知识点的掌握程度。

例如 2017 年主观题第 2 问:此案生效后当事人向检察院申诉,程序要求是什么?

2016 年主观题第 5 问:此案再次上诉后,二审法院在审理程序上应当如何处理？

②程序纠错

这种类型的题目通常要求考生判断有关机关对于案件的处理是否正确，如果不正确，正确的做法应该是什么，给出理由。

例如 2019 年主观题第 1 问：本案在管辖上有无问题，请说明理由。

2017 年主观题第 2 问：如果省高级法院认为 S 市中级法院生效判决确实有错误，应当如何纠正？

随着司法改革的深入，刑诉的实务化更为明显，而实务化在法考领域的体现就是命题的综合性越来越强。因为实践中，任何一个案件的办理都会涉及多个诉讼制度和诉讼阶段，所谓"牵一发而动全身"就是这个道理。这就要求考生在备考的过程中，不仅要掌握各个专题的考点，而且要深刻理解和把握各个专题之间的内在联系，背后的原理和立法背景要重点学习。

（2）证据分析题

证据分析题是刑诉主观题的高频题型，2010 年以后的法考题目，半数以上都涉及证据问题。证据分析题如果细分又可以分为两种：

第一种是综合考查证据制度。如证据关联性、补强证据规则、非法证据排除规则、证据种类、证明标准等等。这其中最常考到的就是非法证据排除规则，2013 年、2015 年、2018 年的案例分析中都可以见到以非法证据排除为核心进行设计的提问。所以对于非法证据排除规则的相关内容要重点掌握。

例如 2012 年主观题第 1 问：本案哪些行为收集的证据属于非法证据？哪些非法证据应当予以排除？

第二种就是根据证据做出判决。这种类型的题目不仅考查证据能力而且考查证明力。用证据定案题型的答案应该是沿着"证据能力–证明力"这条主线来写作。

例如 2018 年主观题：请根据上述的证据分析，应对乙作出何种判决？（请根据相关的证据规则与法律规定进行分析）

（3）小型论述题

刑诉主观题在 2012 年和 2015 年都考到了论述题。2012 年 3 月修改后的《刑事诉讼法》颁布，当年司考就考了论述题。2014 年底党中央提出了推进"以审判为中心"的诉讼制度改革，2015 年司考立即做出回应，以论述题的形式予以考查。所以对于过去一年有关司法改革的热点事件要给予足够的关注。

例如 2015 年主观题第 2 问：请结合本案，谈谈对《中共中央关于全面推进依法治国若干重大问题的决定》中关于"推进以审判为中心的诉讼制度改革，确保侦查、审查起诉的案件事实证据经得起法律的检验"这一部署的认识。

答题要求：

1. 无本人分析、照抄材料原文不得分；

2. 结论、观点正确，逻辑清晰，说理充分，文字通畅；

3. 请按问题顺序作答，总字数不得少于 800 字。

（4）法律文书题

刑事诉讼法这个科目涉及的题型主要就是以上类型，可能有人会问，刑诉法有没有可能考法律文书题？

对于法律文书，到目前为止还没有考到过，所以它考查的概率极低。为什么不考呢？一方面是因为它太简单了，法律文书是有固定格式的，考生未来从事司法实务工作，不出 2 个月，便可以熟记自己业务范围内的各种法律文书的格式。命题老师也深知这一点，所以一般情况下对这种送分题是不会予以考查的。另一方面主观题考试时间有限，而法律文书一般篇幅会比较长，从考试角度来说不具备可行性。基于这两点，刑事诉讼法一般不会考法律文书题。

4. 民法

民法的主观题考查重点非常突出，基本上是围绕着合同编、物权编来命题，辅之以民法总则编、侵权责任编、婚姻家庭编、继承编。法考改革后，民法这个科目最大的变化就是民商融合，跨学科考查。

例如 2018 年主观题"夺命 13 问"中有 7 问考查的是民法的相关考点，包括民法总则编、合同编、物权编等。剩下 6 问考查的是民事诉讼法和仲裁法、破产法的相关考点，包括管辖、起诉、仲裁协议的效力、仲裁裁决的撤销等等。其中第 12 问还考查了商法中的破产法。

法考改革后，命题人想重点考查的是法学方法论，具体而言是指考生对六大基础学科的法学理论、法学思维与法言法语的应用。①

（1）法学理论：就是在某一个或几个问题上设置为开放性试题。这样的考题并不存在标准答案，只要能找到现行法律依据并论证自己的观点，自圆其说即可。

例如 2017 年主观题第 1 问：就甲对乙的 100 万元借款，如乙未起诉甲履行借款合同，而是起诉甲履行买卖合同，应如何处理？请给出理由。

考生既可以回答按照民间借贷法律关系做出认定和处理，也可以回答按照抵押合同处理。只要给出合理的理由即可。

（2）法律思维：就是运用法律逻辑去思考问题、分析问题、解决问题。在法考中，这种思维模式要体现在答案的书写上，书写要规范，常用的能够体现法律思维

---

① 摘自李建伟《民法主观题专项突破》。

的句式总结如下：

①开放题模式

A. 本案中涉及的民事法律关系有……

B. 本案中双方的合同（物权、侵权）法律关系的核心是……

②合同类题目

A. 本案的某某合同双方当事人具有行为能力，意思表示真实，内容不违反法律、行政法规的规定，合法有效，双方当事人应该遵守履行。

B. 本案的某某合同已经双方当事人合意，依法成立，但尚未生效（所附条件未成就、所附期限未到来、未经主管机关审批等）。

C. 本案的合同已经成立，但由于双方当事人意思表示不真实（欺诈、胁迫、重大误解、显失公平等）而属于可撤销的合同，既然某方行使了撤销权，故自始无效，无须履行。

D. 本案的合同已经成立，但由于内容违法而属于无效的合同，自始无效，无须履行。

E. 本案的合同未成立，是由于一方当事人在缔约中违反诚实信用原则所致，该方当事人依法承担缔约过失责任，应该赔偿对方的信赖利益损失。

F. 本案的合同，构成表见代理，故自始有效；或者本案的合同，构成无权代理，属于效力待定的合同，既然被代理人某某方拒不追认，故自始无效。

G. 本案的合同合法有效，双方自应依约履行，既然某某方构成根本违约，则对方依法享有单方解除权，并有权追究其违约责任。

H. 本案的合同合法有效，双方自应依约履行，既然某某方构成违约，应当依约依法承担相应的违约责任。

③物权类

A. 某某依法享有物权（所有权），任何组织、个人不得侵害之，否则，依法承担相应的民事责任。

B. 某某作为占有人依法对某某物享有占有利益，任何组织、个人不得侵害之，否则，依法承担相应的民事责任。

C. 某某作为侵占人侵害了物权人（占有人）某某的物权（占有利益），后者可以请求其承担返还原物、停止侵害、排除妨害、消除危险等责任，造成损害的，依法承担侵权损害赔偿责任。

D. 某某依法享有对某物的抵押权（质押权），可以主张拍卖、变卖该物品以实现优先受偿权。

E. 某某虽然享有对某动产的抵押权（质押权），但由于没有依法登记，不得对抗第三人。

F. 某某对于某物的某种用益物权（地役权、居住权等）依法设立，受到法律保护，任何人不得侵害。

④侵权类

A. 民事主体依法享有的财产权、人身权受到法律保护，任何组织、个人不得侵害，否则依法承担侵权责任。

B. 本案中，某某侵害了某某方的财产权（人身权），符合一般（特别）侵权责任构成要件，依法承担侵权责任，包括……

C. 本案中，某某侵害了某某方的财产权（人身权），符合一般（特别）侵权责任构成要件，但是具备某某免责事由，依法可以免除、减轻侵权赔偿责任……

（3）法言法语：无论是民法还是其他学科，在语言表述上都要尽量使用法言法语，现对民法试题中常用法言法语归纳总结如下：

①主体类

A. 总则：民事主体，民事法律关系当事人，自然人，法人，非法人组织，营利法人，非营利法人，公司法人，子公司，分公司。

B. 合同：合同当事人，卖方，买方，第三人，相对人（善意、恶意），违约方，解除权人，对方。

C. 物权：物权人，所有权人，占有人，侵占人，用益物权人，担保物权人。

D. 其他债权。不当得利：受益人、受损人；无因管理：管理人、被管理人（受益人）；侵权：侵害方（人）、受害方（人）。

②行为类

A. 总则：民事行为，民事活动，民事法律行为，民事事实行为。

B. 债法：侵权行为，合同行为，不当得利行为，无因管理行为，单方允诺行为，缔约过失行为，加害给付。

C. 物权：处分行为，负担行为，物权设立行为，生效要件，对抗要件，设权行为，证权行为。

D. 侵权：加害行为，过错行为，抗辩事由，混合过错（与有过失），共同过错（共同过失），共同侵权，第三人原因，受害人故意，紧急避险，自甘风险（甘冒风险）。

③权利类

A. 民事权利，财产权利，人身权利，人格权，身份权，一般人格权，精神利益，个人信息。

B. 相对权，绝对权，对人权，对世权。

C. 支配权，请求权，抗辩权，形成权。

5. 民事诉讼法

民事诉讼法涉及的题型主要有以下几种：

（1）程序分析题

民事诉讼法和刑事诉讼法一样，都属于程序法。所以题目大多是对民诉中的重要程序进行考查。如管辖、当事人、一审（包括简易程序）、二审、再审、执行程序。对程序的考查，细分也是可以分为两种类型：

①知识简答

例如2015年主观题第3问：与第2问"两种途径"相关的两种民事诉讼制度（或程序）在适用程序上有何特点？

这一问实际上就是要求考生结合案情答出第三人撤销之诉和案外人申请再审这两种程序各自的特点是什么。要求考生对民诉中的重要程序烂熟于心方能应答自如。

②程序纠错

这种类型的题目要求考生找出程序中的错误之处，为什么错误，并且给出正确的处理方案。

例如2017年主观题第2问：本案的当事人确定是否正确？为什么？

第四问：一审案件的审理在程序上有哪些瑕疵？二审法院对此应当如何处理？

（2）证据分析题

民事诉讼法中的证据分析题基本上都是和程序综合在一起出题，作为其中一问或者数问，一般不会单独出题。

例如2016年主观题第2问：就本案相关事实，由谁承担证明责任？简要说明理由。

第3问：交警大队出具的事故认定书，是否当然就具有证明力？简要说明理由。

（3）小型论述题

民事诉讼法极少考论述题，自2013年考过一次以后，至今没有再出现论述题。但是作为考生来说不能放松警惕。对于司法改革中涉及民事诉讼的热点事件要给予重视，有可能会以论述题的形式出现。

例如2013年主观题第4问：近年来，随着社会转型的深入，社会管理领域面临许多挑战，通过人民调解、行政调解、司法调解和民事诉讼等多种渠道化解社会矛盾纠纷成为社会治理的必然选择；同时，司法改革以满足人民群众的司法需求为根本出发点，让有理有据的人打得赢官司，让公平正义通过司法渠道得到彰显。请结合本案和社会发展情况，试述调解和审判在转型时期的关系。

答题要求：

1. 根据法律、司法解释规定及民事诉讼法理知识作答；

2. 观点明确，逻辑清晰，说理充分，文字通畅；

3. 请按提问顺序逐一作答，总字数不得少于 600 字。

（4）法律文书题

除了以上三种题型外，有同学可能会说，民诉法会不会出法律文书题呢。2013年主观题第一问考过法律文书题。

请结合本案，简要概括钱某的起诉状或法院的一审判决书的结构和内容。（起诉状或一审判决书择一作答；二者均答时，评判排列在先者）

这道题目很多考生误以为是要写法律文书，其实不然。这道题其实是一道简答题。题目只是要求考生简要回答民事起诉状或者一审判决书的结构和内容即可。

以起诉状为例，命题人并不是要求考生在试卷上写一份起诉状，而是要求考生回答出一份完整的民事起诉状都包括哪几个部分，每个部分的内容是什么，简要作答即可。如果真要是按照起诉状的格式来写一份正式的起诉状的话，根本写不完，因为光事实和理由部分就会占据大部分空间。

所以，从历年真题的考查情况来看，并没有出现真正意义上的法律文书的题目。因为一方面法律文书格式固定，一般人看一眼就记住了，考出来只能是送分。另一方面，写一份完整的法律文书很耗费时间，考试时间不够。所以民诉法一般情况下不会考法律文书题的。

此外，大家要注意，法考改革后，民事诉讼法基本上不会再单独命题了，现在都是结合民商法出题。例如在 2018 年的"夺命 13 问"中，有 7 问考查的是民法的相关考点，5 问考查的是民事诉讼法和仲裁法的相关考点，剩余一问考查的是商法中的破产法，问破产申请被法院受理后债务人相关的民事纠纷如何处理，这很明显是跨学科考查破产法和民诉法相关的内容。

实体法和程序法相结合是民诉（含仲裁）命题最大的变化。这是学科本身的特点决定的，比如考查代位权诉讼，必然涉及合同编的相关知识。

考生在备考的时候要注意：

（1）对于民诉中的基本概念、常考的程序要加强记忆、烂熟于心，只有这样，在综合性题目中考到相关程序的时候才能应对自如，不至于大脑一片空白。

（2）备考的过程中，要注意归纳总结民诉中的例外情形或者特殊规定，这些都是法考命题的重灾区，稍不留神就会丢分。

（3）关联学习：在学习民法和商法的时候，想一想如果出现纠纷怎么处理？是仲裁还是诉讼？如果是诉讼，哪个法院管辖？当事人都是谁等等。反过来，学习民诉的时候，涉及民法或者商法的相关知识也可以回忆一下。

6. 商法

商法主观题的题型一直以来都是案例分析题，试题风格沉稳，基本没有出现过偏、难、怪的题目。考查重点也比较突出，基本上都是围绕着公司法相关考点来命题。

法考改革后，商法 C 位出道，分值大幅度提升。这其中最大的原因是商法的融合性极强，其他学科如民法、民诉、仲裁法的内容直接或者间接地存在于商法制度之中，如民法的法人制度、合同制度等等。

民法主要解决的是自然人之间的合同纠纷，而商法则主要解决的是公司之间的纠纷，但适用的是同一部《民法典》，所以要想学好商法，必须要先学好民法，把民法的基础打牢。再比如，涉及商事纠纷，如股权纠纷，同样也会用到民诉法和仲裁法。所以商法和民法、民诉、仲裁之间的关联度十分紧密。

法考改革后，商法和其他学科结合得很紧密。要么是和民诉、仲裁相融合出一道小综合题，要么是和民法、民诉、仲裁相融合出一道大综合题，以此来体现实体法和程序法相结合的命题思路。

例如 2018 年主观题第 5 题

1. 如大林以刘可用于出资的 180 万元是他所汇为由，主张确认刘可名下的股权实际为大林所有，该主张是否成立？为什么？

2. 季季向轩轩公司转让股权时，其认缴的出资尚有 400 万元未缴纳，如认缴期限届满，遥远公司是否可以向轩轩公司催缴？为什么？

3. 木豆公司与麦子公司签订了《股权转让协议》，并将股权过户到麦子名下，据此是否可以认定麦子已取得遥远公司的股权？为什么？

4. 根据题中所述事实，是否可以认定七彩钢铁公司已取得遥远公司股权？为什么？

5. 孙秒的案外人执行异议是否成立？为什么？

6. 在银行诉遥远公司和大林的清偿贷款纠纷案件中，大林是否应当对公司债务承担连带责任？为什么？

以上六问中，第 1、2、3、6 问考查的是商法中的《公司法》的相关知识点，第 5 问考查的是《民法典》中的善意取得制度。第 5 问考查的是《民事诉讼法》中的案外人执行异议。2019 年的题目也是延续了民法、商法、民诉融合出题的风格。由此可见，学科交叉是趋势也是必然，一个合格的法律人既要能对实体权利义务进行准确定性，又要能对法律流程游刃有余。

由于商法具有明显的实务性特点，在命题方式上会更加突出考查考生对事实认定和法律适用等方面的法律实践水平。试题中将引入司法实践中具有典型性、指导性的案例。这些来源于社会生活和司法实践的案例，综合程度更高，复杂性更强。比如，2017年商法的主观题就是来源于最高人民法院发布的指导性案例。

对商法这个学科，在备考过程中使用的资料可以包括历年真题、最高院的指导案例、案例指导用书上的案例，以这些案例作为素材，训练事实认定和法律适用能力。要重点关注论证的过程，注意逻辑的严密性，不要单纯关注结果的对与错，对于开放性的题目，只要有理有据，能够自圆其说就足够了。

此外，除了把握重点、难点以外，对于新增的考点、变动的考点、新增的司法解释及时消化吸收，便能够轻松应对商法的题目。

7. 行政法与行政诉讼法

行政法与行政诉讼法横跨实体与程序，涉及的具体法律法规较为繁多，是所有法考科目中涉及单行法最多的学科。但是这个学科体系比较完整，大体上可以分为行政组织法、行政行为法和行政救济法三大部分。除了行政法概述、行政组织与公务员、行政行为概述这几部分与实务联系不多以外，其他内容与实务联系比较紧密，这就导致行政法与行政诉讼法这个学科通常情况下都是以案例题的形式出现的，案例化考查的方式较为明显。

行政法与行政诉讼法这个学科很多同学觉得很难。但是就法考而言，这个学科还是比较容易得分的，因为它严格遵循"重者恒重"的原则，比如四大具体行政行为、行政复议、行政诉讼都是法考命题的重灾区。

在解题方面，要牢记"18字箴言"①：找主体、看行为、分阶段、辨诉求、摆事实、讲规则。

（1）找主体：解题第一步就是要找对主体，如果找不对主体，就无法确定行政复议的被申请人和行政诉讼的被告，进而无法确定复议机关和管辖法院。比如2012年行政法案例第一问："市政府共实施了多少个具体行政行为"，结果有考生没有注意判断行政主体，而将市国土局的行政不作为也列入答案之中，导致回答错误。所以，考生在做题的时候一定要明确谁是行政主体。

（2）看行为：行政行为是连接"官"和"民"之间的桥梁和纽带，它是行政法体系的核心。在法考案例题中，命题人为了加大试题难度，提高题目的综合性，往往设计多个连环的行政行为，考生在做题的时候可以将各个行为在题干中以①②③④……的形式编号排列，然后再结合题干和设问，分析其中各个行为的性质，并从脑海中搜索与该行为对应的程序机制、救济机制和判决机制等内容。

（3）分阶段：当事人经过复议后再起诉，复议机关做出的不同判断结论会直接

---

① 摘自李佳《行政法主观题专题讲座（冲刺版）》。

影响被告资格的确定。经过复议再起诉，被告有三种情况：复议改变，单独告；复议维持，共同告；复议不作为，择一告。该内容不仅影响被告的确定，还影响以被告知识为基础的管辖制度、审理对象、举证责任、判决形式等。所以考生一定要重点关注题干中当事人是否提起行政复议、复议结果如何这一细节。

（4）辨诉求：诉讼请求之所以重要，原因在于诉讼请求是审理对象、被告、管辖法院和判决形式等内容的基础，诉讼请求将决定法院审理和裁判的内容，"诉什么，审什么，判什么"是行政诉讼一条一以贯之的逻辑线索，考生在应试的时候，一定要仔细分辨当事人的诉讼请求。命题人为了加大试题难度，往往会出现多个主体做出多个行政行为的情况，此时，精准地判断当事人的诉讼请求就显得更为重要。诉讼请求判断错误，极容易导致后续问题的答案出现连环错误。比如，2013 年行政法案例题题干中的核心话语为"但在法定期限内未作出复议决定，张某不服"，说明张某不服的是复议机关的复议不作为行为，如果未搞清楚本案的被诉对象，答题方向会发生彻底的偏差。

（5）摆事实："以事实为依据，以法律为准绳"是法律人做出判断的灵魂。在倾向于实务化风格的主观题命题中，证据规则和法律适用问题必将占据不可或缺的地位。举证责任分配、非法证据排除规则和证据补充规则等内容会成为高频考点，2018 年就考查了举证责任，该题是根据 91 号指导案例"沙明保案"改编而成。

（6）讲规则：行政诉讼法律适用问题在主观题中一直占据重要地位，2017 年有关工业盐准运证的命题灵魂是法律适用规则中的"上位法和下位法"关系问题。2016 年对于行政规范性文件的附带性审查也是在考查法律适用问题。在 2016 年的题目中，如果考生不能精准地把握住行政机关是以"违反《矿产资源法》"为由，发出《责令停止违法行为通知书》"，那么在面对本题最核心的一问"孙某一并审查《严禁在自然保护区采砂的规定》的请求是否符合要求"时自然会一头雾水。行政规范性文件附带性审查的对象必须为具体行政行为做出的依据，而《严禁在自然保护区采砂的规定》并不是行政机关做出具体行政行为即发出《责令停止违法行为通知书》时的依据，所以孙某的请求自然不符合要求。

四、2020 年法考主观题考情分析

2020 年的法考主观题刚刚落下帷幕，经过收集整理参加 2020 年主观题考试考生的反馈，将法考各个科目的最新变化情况总结如下，方便同学了解最新的法考出题方式，从而更好地作出自己 2021 年的复习规划：

1. 中国特色社会主义法治理论

经过参加 2020 主观题考试的考生回忆，中国特色社会主义法治理论的题目是：

结合疫情防控，谈谈法治对促进国家治理体系治理能力现代化的作用。

总的来看，作为2020年法考主观题的第一道题，法治理论的题目对于参加考试的同学们来说还是比较友好的。疫情防控以及治理能力和治理体系现代化作为2020年的热点话题对于绝大多数考生来说并不陌生，只要考前一直关注老师的课程更新，做好治理体系和治理能力现代化的相关理论知识储备，在考场上应该不会因为输出内容的匮乏导致手忙脚乱。

同时，疫情防控作为贯穿2020年始终的热点话题，相信只要平时多多关注这方面的新闻时事，了解党和国家对疫情防控相关的部署安排，应该也不需要在考场上绞尽脑汁的去思考答题的角度。

而且，即便是平时对这些内容关注点比较少，依法治国的概念、意义、总目标和基本原则，立法、执法、司法等方面的具体举措也是每一个参加法考主观题的同学必须掌握的内容。只要把这些之前熟练掌握的知识结合题目稍加整理，结合国家治理体系治理能力现代化的背景稍加阐述，也不会陷入无话可说的窘迫境地。

总结2020年法考主观题的第一道题，踏实复习掌握基础知识绝对是在中国特色社会主义法治理论科目上拿到满意分数的最好途径，治理体系和治理能力现代化只是比较虚的背景，填充的内容才是关键，这一点，没有知识的积累和输入，是做不到也做不好的。希望明年的考生能够注意。

2. 刑法

刑法的题目也是延续了过往的出题思路，要求围绕着行为人的一系列犯罪行为展开评价，涉及的主要罪名还是人身犯罪、财产犯罪、贪污贿赂犯罪和渎职类犯罪，没有脱离原有的重点考查范围。

此外，题目中涉及了的犯罪形态（中止、未遂、既遂）以及共犯、观点展示（具体符合说、法定符合说）等一些刑法总则的内容。这些部分需要扎实的刑法理论功底，绝对不是一朝一夕的努力就能学会的。

而且，刑法的考查角度主要为结合案情评价犯罪，想要得分主要依赖的是对刑法原理的掌握而不是记忆，在考场上，刑法法条能够提供的帮助着实有限。因此，刑法还是需要早一点就开始准备，在复习的前期打下良好的理论基础，你才能在考场上拿下更好的分数。

3. 刑事诉讼法

刑事诉讼法的题目可以说是大家争议的焦点，甚至有人用"一半是天使，一半是魔鬼"来评价2020年刑事诉讼法题目。在此，我们不妨先看一下2020年刑事诉讼法的题目，再做分析。根据2020年考生的回忆，该题目的案情主要涉及网络诈骗犯罪，具体设问如下：

问题 1. 网络犯罪哪些地方法院有管辖权?

问题 2. 电子数据收集的方式?如何审查?

问题 3. 专家辅助人意见有什么证明力?

问题 4. 价格认定书属于什么证据?

问题 5. 检察机关的举证质证用什么方式?

问题 6. 被告人庭前供述与录音录像不一致,如何采用?

因为 2018 年法考改革,考试系统配套了电子版法律法规汇编,因此大家是可以翻法条的。综合 2020 年刑事诉讼法的题目来看,第 1、2、5 问可以翻到,但需要时间加工和分析。第 3、6 不需要翻法条,第 4 问没有法律根据。

也正是上面的原因,翻不翻法条也成为今年刑事诉讼法的争议话题,有的人翻了,有的人没翻。在这里,有必要提示一下,其实历年真题,除了论述式及热点争议式提问,都是可以翻到法条的,如果会答,对法条依赖度就弱,如果不会答,对法条依赖度就强。

但是,在这里应该辩证地思考一下。如果平时没有对刑事诉讼理论和各个程序环节的深刻理解,以及对刑事诉讼法律内容的熟悉了解,在考场很可能会给你法条,你也不知道用哪一个法条去答题,即便翻到了也只是照抄没有融汇、分析、总结,这样也不行,前两年的很多考生都有惨痛教训。

因此,仍然建议大家首先靠对知识的把握做题,答完题若有时间,再翻阅法条,保证做完题很重要。千万不能把刑事诉讼法这么可怕的一门学科的答题方式简单理解为翻翻法条。

4. 民法、商法、民事诉讼法大案例

2020 年法考主观题中,民法、商法和民事诉讼法三门学科延续了法考改革后的命题趋势,采取综合三门学科知识点用大案例的方式进行考查,一共 10 问。

根据参加 2020 年法考主观题的考生回忆,民法对担保物权(保证、抵押和质押)、撤销权以及赠与合同等内容进行了考查;商法考查了公司法人人格否认制度、股东出资以及破产重整程序中的取回权;民事诉讼法则主要考查了民事案件管辖权、保证人以及被保证人的诉讼地位等知识点。

需要注意的是,根据参加 2020 年参加法考主观题的考生反馈,2020 年民商大案例的一些设问共分为 3 个小问,对知识点覆盖非常全面。因此,对于准备 2021 年法考主观题的考生来说,全面复习 3 门学科的知识点的同时,要尤其重视 3 门学科中之间知识点的衔接和联系。

比如,涉及保证的问题时,不仅仅要弄清楚当事人之间如何承担保证责任,还要考虑如果涉及民事诉讼,在起诉时应当如何列明相关责任主体的诉讼地位。在学

习时，应当培养实体法和程序法衔接的意识。同时，老师在讲授相关知识点时，也会强调知识点的衔接，考生要擅于总结归纳这些考点，以备不时之需。

当然，考生不必过于担心大案例的难度，虽然是综合三门学科，但是 10 个设问中，各个设问考查的知识点是相互独立的。同学们在做题时，可以考虑把大案例进行拆分，根据需要的案情来解答对应知识点，逐个击破即可，不必过于拘泥整个大案例本身的发展脉络。

5. 商法−选做

除了在大案例中会有所涉及外，商法也会作为选做题独立出现在商法的案例中。根据近两年的考情来看，民商大案例中对商法的考查主要集中在破产法部分。而独立的商法题目则注重考查有限责任公司中股东的相关权利。

根据参考考生回忆，2020 年商法选做题主要集中对股东会的职权、公司增资以及股权转让效力等方面进行考查，并未脱离原有商法主观题的重点考查范围。

值得注意的是，2019 年商法主观题中涉及民诉法的考点（执行标的异议）。但是 2020 年商法主观题的 6 个小问均涉及的是公司法及相关司法解释的考点，主要围绕着有限责任公司日常运营中常见的法律问题进行考查。

因此，备战 2021 年法考主观题的同学，仍然是需要围绕着有限责任公司股东权利的相关内容进行重点准备，最好是能梳理有限责任公司从设立、运转、破产、清算这一从生到死发展脉络，全面复习，扎实掌握，为 2021 年法考取得好成绩做充分准备。

6. 行政法−选做

根据参加 2020 年法考主观题的考生回忆，行政法主观题主要围绕行政诉讼程序的内容展开，涉及行政诉讼被告的确定、行政协议和行政信息公开的内容。而且出题的方式仍然是常规的出题套路，也没有出现太偏、太难的知识点。如果在之前的复习中对老师们讲授的内容能够扎实掌握，考生对今年的题目应该不会感到特别棘手。

值得提醒的是，今年很多同学觉得行政法内容较多，战略上放弃了行政法。但是，基于目前行政法客观题分值比重加大，主观题难度非常友好的情况，放弃行政法无异于变相增加通过法考的难度。因此，在备考时千万不能放弃这一门学科，这一点大家要尤其注意。

五、法考主观题备考误区

迈过了法考客观题这道难关，同学们就将面对法考主观题的挑战。在展开本部分的内容前，我们需要对法考客观题和主观题之间的差异做一个简要梳理。

首先，法考客观题与主观题的需求不同。客观题更多地需要考生通过题干选项判断出考点即可，因此，客观题真题图书中"解析"的主要作用是在于帮助考生回顾知识点，明确考法、关联考点、常见陷阱等等，主观题对考生的要求有很大区别。

其次，法考主观题与客观题的考查角度有所不同。主观题关键点在于如何准确地破译题干中所表达的关键事实，对接关键事实背后的考点和法律关系，这与客观题阶段只需要对考点有基本了解能做定性判断的要求有所不同。换言之，客观题要培养的是判断考点信息能力，主观题要培养的是提取关键事实能力，下面将具体分析这两种能力。

在客观题阶段，需要的是判断能力，判断依据的是题干信息和选项信息。考生判断的过程，就是将所学知识，对接到本题题干信息，然后对四个选项做出判断，选出符合题意要求的选项的过程。在此意义上而言，客观题难度比主观题难度相对较低，具体原因如下：

（1）客观题，实质上是判断题。因为考点相对顺序化，并且选项即焦点，便于锁定。

（2）客观题考查的是判断能力：考生判断的依据是选项信息和记忆中的知识，记忆加信息就可以对大多数题目做出判断。

客观题做题能力的训练主要是题干和选项信息识别能力的训练。而到了主观题阶段，需要的是关键事实提取能力，但会含有判断题的表现形式，要求考生找出在法律上有意义的行为，有可能产生法律效果的行为，至于无关紧要的琐碎行为不用关注，具体原因如下：

（1）主观题的考点分散隐藏在案情中。主观题不会像客观题一样只考一个或小考点群，一定会考查多个考点。这需要考生具有将众多考点进行综合联系的能力，不能只看一点。需要考生不断往返于案情与考点之间，努力将二者的距离拉近，最后得出准确答案。

（2）主观题考点范围不遵循先后顺序。考生需要阅读案情，同时进行关键事实提取后才知道本题的考点分布范围，而考点间一般没有先后关系。并且设问形式以具体设问为常见形式；以开放设问为少见形式。

（3）案例分析题也是一种文字表达题。近些年出现的真题为开放式设问的案例题如："请根据所学知识，分析甲、乙、丙、丁的刑事责任"。这种题型同时要求具有文字表达能力和组织答案的能力，部门法当中纯理论性考点以及简答题常见。考生进入主观题复习后，最根本原因并不在于"不知道考什么"（这个在客观题的学习中已基本解决），而在于"不知道该怎么写"。

进入主观题复习后，多写固然重要，不管是一战主观题还是二战主观题，千万不要把"答案"写成"答案解析"。

其实，通过分析这两年的考情不难发现，法考改革的重头戏是在主观题部分。相信了解司考时代的考查方式的同学都知道，司法考试是分四套卷子的，前三套卷子全部是选择题，侧重对知识点的考查；第四套卷子是案例分析题，需要笔答。问题的关键是，司考时代是算总分的，换言之，只要你前三卷考得足够高是可以"反哺"卷四的。用最直白的话讲，卷四你考得低一点没关系，只要前三卷足够高还是可以过。

但是，法考时代这样的机会不再有了。即便我们的同学，在法考客观题阶段刷到的分数再高，到了主观题阶段都是从零起步。因此不同于司考时代的做法，在法考时代必须针对主观题进行系统性的复习。那么，在备考主观题的路上首先要做的就是建立正确的认知框架，下面将会一一分析法考主观题复习路上的"误区"，帮助同学们实现备考思路上的"拨乱反正"。

1. "贪多求全"，一味坚持客观题的复习思路

在前面客观题的方法论中，"全面复习"的复习思路被一再强调。但是，在备战主观题的路上，需要对复习思路做一定的适应性调整。这背后的原因不难理解，法考主观题是以案例问答的形式考查的，即便是民法、刑法这样分值比重较大的学科，所能考查的知识点数量也非常有限。因此，命题人在命题时一定会优先选择最重要的知识点进行着重考查。在这种情况下，再选择全面复习是非常不明智的。

以民法为例，纵观近十年来的法考主观题案例，虽然考查的侧重点各有不同。但是总体上是围绕着民事法律行为、物权变动、合同履行以及三种有名合同（买卖、租赁、建设工程施工）为核心进行考查的。

其中在考查民事法律行为时，意思表示、效力待定、可撤销、无权代理这些内容历来都是考查的富矿区；在考查物权变动时，善意取得、公示原则、物债二分的内容常常受到命题人的青睐；在考查合同履行时，合同效力、缔约过失责任和违约责任以及合同相对性也经常会出现在考卷上；另外在合同分编，三种有名合同之外的合同几乎很少涉及。

上述简单的列举虽然做不到绝对的全面，但是覆盖大部分考点是应该没有问题的。也就是说，如果粗略地划分，民法的出题范围都跑不出上面这一二十个知识点。但是我们可以看到，在备战主观题过程中，很多同学都希望能像客观题的复习方式一样，"面面俱到"，这无疑是不现实的。原因在于，复习的时间精力成本制约着你的复习范围。而在主观题考场上同学们不仅要做出判断还要阐明其背后的理由和原理，并且还要用法言法语表述出来。这就决定了，同样复习一个考点，在主观题阶段要比在客观题阶段花费三倍乃至更多的时间、精力。

因此，主观题备考过程中一定要坚持贯彻"有限复习"原则。自己要学会判断，如果某些知识点过于琐碎零散，和学科的主要制度没有紧密关联的，基本上就可以摒弃在主观题的复习之外。比如说，民法中的好意施惠考点中，在客观题中可以用"搭便车"的案例进行考查，但是在主观题中很难结合合同、物权制度进行考查，因此可以将其排除在复习范围外。

当然，在确定主观题复习范围的问题上，同学们也不必过于担心和纠结。老师们的主观题冲刺讲义基本上都是经过精心挑选考点的，在复习中能够将这些有限考点熟练掌握，就完全足够应对法考主观题了。

2. "只听不练"，严重缺乏主动输出能力

在备战法考的过程中，还有一个让同学们非常容易陷进去的误区，就是沉迷于听课无法自拔，自己却不去动笔去写，这种做法也是非常不可取的。

在备考主观题的前期，确实有必要通过听课来夯实基础，为后一阶段的复习做好铺垫。但听课的主要作用无非是两点，一个是学习主观题会着重考查的知识点，也是我们在完成演绎推理时会用到的大前提（法条依据）；另一个则是学习老师在解答主观题时的思路方法，如何破题，如何回答。

同学们在听课过程中确实是会有满满的获得感，但是听课达到一定临界点之后其边际效益就会显著降低。

在主观题阶段，老师能够给你划定的知识点也是非常有限的，而解题思路和答题方法则是在解答所有主观题题目中通用的，讲过一遍后，后面再做过多的重复完全没有必要。因此，"师傅领进门，修行靠个人"，在掌握基础知识和解题套路后我们就要自己动笔去练习，不然你和主观题通关之间始终间隔着不可逾越的鸿沟。在我们做主观题的时候，要迈过三座大山。也就是说，想在一道主观题设问中拿到满意的分数，需要分"三步走"。

第一步是锁定题眼，我们在拿到主观题考题时，一定要抓住问题中的关键字，搞明白出题人想要问你什么。这一步看似简单，在做题时其实很容易为同学们所忽视。尤其是刚刚坐在考场上惊魂未定的时候，看到秒表开始计时就惊慌失措，匆匆忙忙扫一眼题目就开始作答，甚至写到一半的时候才发现答非所问，白白浪费了宝贵的答题时间。因此，在审题时不要过于匆忙，审题不会花费你太多的时间，但决定了你整体回答的方向，不妨定下心神，仔细审阅一遍。

第二步是锁定知识点，这里面的知识点一般还是指代我国现行法律法规以及司法解释的相关规定。因为出题人也一定是以现有法条作为依据来出题的，所以我们做题时一定要在锁定题眼后，快速在脑海中检索相关的法条依据。

也就是说，在这一步我们要做的就是把上一步找到的"题眼"和相关"法条"

钩连起来。这一步其实非常考验我们的主观题功底，也正是客观题与主观题考查的差异所在。在客观题阶段，我们只需要做出是与否的定性判断。而在主观题阶段，我们还要在定性判断基础上阐明理由。

很多同学觉得，在客观题阶段能够顺利选对的选项到了主观题阶段应该也能顺利做对。其实不然，你在客观题阶段能够凭借朴素正义感和正确价值观做对的题目，到了主观题阶段很有可能面临"无话可说"的局面。为了在答题时摆脱这种窘境，同学们在学习中应该着重锻炼结合法条分析案例的能力，培养良好的主观题解题习惯。

而且，有些表述非常清晰完整并且在考场上用到的可能性非常大的法条，要重点练习，最好能够背诵。比如在刑事诉讼法的案例中经常会涉及证明标准的认定，我们就可以牢记下面的内容：

"根据《刑事诉讼法》第 55 条规定，刑事诉讼的定罪标准是事实清楚、证据确实充分。证据确实充分，应当符合以下条件：（一）定罪量刑的事实都有证据证明；（二）据以定案的证据均经法定程序查证属实；（三）综合全案证据，对所认定事实已排除合理怀疑。"

大家可以看下 2015 年和 2018 年的刑事诉讼法主观真题，这两道题都围绕证据分析的内容展开。基本套路就是让同学们逐一分析案件中涉及的各个证据，最后得出"事实不清、证据不足，指控的犯罪不能成立的无罪判决"的结论。试想如果参加 2018 年主观题考试的同学练习过 2015 年的这道题，熟悉其中的出题套路和答题思路，在考场上应该会得心应手很多。

因此，同学们非常需要在准备主观题过程中"亲自动笔"，当然法考改革后可以改成在键盘上打字的方式练习。但需要注意的是，无论是采用哪种方式都一定要亲自写一遍完整的答案，只有通过一次次实际运用法条，提升使用三段论进行逻辑推导的能力，才能在你的脑海中建立一个"法条汇编库"。在后面的过程中，通过不断积累和重复，不断完善和优化你的"法条案例库"，你才能在答题过程中检索和援引这些"脑海中的法条"。

3. "漫无目的"，缺少切中题目要害的能力

备战法考主观题，还有一个误区需要注意，就是漫无目的。最直接的表现就是每天都看上去在忙碌地复习，但是实际上并没有什么收获。这一点是主观题复习的大忌。

我们都知道法考改革后，客观题和主观题考试之间仅仅间隔了一个月左右的时间（2018 年、2019 年、2020 年三年不完全相同，但都保持在一个月左右）。那么，考完客观题的同学一般只有一两天的休息时间，就要全力以赴进入主观题备考状态。

那么，这短短 1 个月时间内不仅要重新夯实主观题考查的知识点，还需要练习案例指导用书和历年真题的案例。同时，结合当年的热点案例和理论前沿问题（比如，2020 年刑诉法中的认罪认罚制度、民法典中的购买价金担保权制度）进行一定的研究来应对开放性的问题。

因此，在这个阶段可以用"时间短，任务重"来形容。面对如此紧张的时间线，很多一战的考生在备战主观题时仍然抱有一种自由散漫的心理态度，今天这里看一点，明天那里看一点，根本没有清晰明确的复习计划和目标。这绝对不是备考主观题的正确心态。

同学们需要清醒地认识到，法考改革后重头戏在主观题，这也是法考改革的目的所在。如果你对法律知识点的认知和理解仍然停留在与客观题一样的层次，你通过主观题的可能性微乎其微。在这个阶段，一定要改变自己的复习策略，集中精力瞄准重点全力突破。

比如说，在客观题阶段很多同学热衷于收集各个科目的复习资料，无论是老师整理的口诀、记忆表格还是同学们在网络平台发布的学习笔记。这些材料确实在客观题阶段能帮你起到一定的查漏补缺、辅助记忆作用，这种方式也契合了客观题范围大、随机考查的命题方式。但是这种漫无目的的学习方式到了主观题阶段就不再奏效，比如同学们在客观题阶段在记忆刑事诉讼法中法定不予追究刑事责任情形时，经常会背诵"显著轻、过时效、特赦告诉和死掉"这一口诀。诚然，这一口诀能够帮助记忆比较晦涩琐碎的知识点，但是到了主观题阶段，同学们如果用这个口诀来答题相信命题老师是不会给你分数的。

因此，在这个阶段再收集五花八门的记忆口诀是没有太大用处的。同学们需要以更快的速度在精华知识点上聚焦，回归法条原义，对知识点形成逻辑闭环。因为，即便是主观题中一个很小的设问，也需要完整的结论和理由（一般至少要有三个完整的句子，四五十字数）来拿到满意的分数。无论是在家复习还是去图书馆自习室看书，希望同学们一旦坐在椅子上就一定要牢记：主观题的复习时间非常之宝贵，一定要有的放矢地复习。一个最简单的复习技巧就是，看到一个重点法条不仅要会记忆背诵，还要时常想一想如果能在主观题考场上遇到这道题目我要如何运用法条，我写出的哪些内容能够覆盖采分点。只要常常这样思考，摆脱漫无目的的复习状态，锻炼自己切中题目要害的能力，就能在主观题的考场上拿到高分。

六、主观题备考要旨

上面已经详细讨论了同学们在准备法考主观题时容易陷入的误区。但是，单单指明误区却不提供正确的方法论指引是非常不负责任的。在下面的内容中，会针对同学们容易陷入的误区提供一些备考建议，确保同学们能够在正确的轨道中学习。

1. 深度复习，对关联知识点形成完整的逻辑闭环

相比于法考客观题，法考主观题考查范围更加集中和明确。

以考查分值最多的两大实体法举例，刑法考查重心集中在不作为犯罪、因果关系、犯罪形态（中止和未遂）、自首和立功、人身和财产类犯罪、贪污贿赂类犯罪等等。民法的考查重心集中在民事法律行为（意思表示）、物权转移（善意取得）、合同的履行（合同相对性）、合同权利义务终止（合同解除）以及几种有名合同（买卖合同、赠与合同、租赁合同、建筑施工合同）等等。

通过以上列举不难发现，即便是分值比重最大的两门学科，其实真正需要复习的内容相比法考客观题已经被极大地压缩。但是同学们在复习过程中需要清醒地认识到，主观题复习的知识点"在精不在多"，同学们需要在每一个精华知识点上下足功夫。

真的想要在主观题中拿到分数，其实并不简单。以2019年商法主观题第1问为例，问题的内容主要涉及公司新增资本时，如何确定股东的认缴出资比例。如果客观题复习到这个知识点，很多同学会脱口而出"按照实缴出资"。但是，如果在主观题的答题中仍停留在这个层次，可能四分的题目只能拿一分两分。我们来看一下参考答案：

[问题] C公司的第一个主张能否成立？

[答案] 成立。根据《公司法》第34条规定，公司新增资本时，股东有权优先按照实缴的出资比例认缴出资。但是，全体股东约定不按照出资比例优先认缴出资的除外。本案中，全体股东没有特别约定，故C公司有权按照自己的实缴出资比例行使优先认购权。

相信通过法考客观题的绝大多数同学都能得出C公司的主张成立，股东有权优先按照实缴的出资比例认缴出资的结论。但是同学们的答案可能到这里也就戛然而止了，非常容易遗漏掉全体股东约定不按照出资比例优先认缴出资的情形。通过这道真题的例子是想提醒大家，在复习时，一定要注意在深度上做足文章。否则的话，很难在主观题中拿到满意的分数。

一道法考主观题的问题分值在四五分左右。甚至，如果一个学科的问题整体设置的数量非常少（2019年刑事诉讼法只有四个问题），那么一个问题的价值不仅仅是四分，而是有七八分之多。那么，你更要思考我需要补充哪些内容才能踩到得分点。如果仅仅能够做出"正确或不正确""合法或不合法""成立或不成立"的定性结论最多也只能得到一分。为了避免这种情形的发生，我们在复习知识点的时候，需要常常思考这个知识点如果是你来出题，你会在哪些地方设置踩分点，挖哪些坑。

这种思维方式可以帮助同学们在思考问题时形成"逻辑闭环"，也能在主观题的考场上给你带来很大帮助。

2. 双轮驱动，合理分配看书做题时间

前面已经提到了同学们复习的两个误区，只听不练和漫无目的。其实这两个误区的本质都在于没能很好地分配看书和做题的时间。一方面是只看书不做题。如果在复习主观题的路上陷入这种极端是很难有很好的复习状态的。因此，如何看待这两者的关系，合理分配做题时间就变得非常重要。

在这个问题中，同学们一定要学会辩证思维，不能割裂地看待二者关系。相信同学们在小学阶段就应该听过一句话，"学而不思则罔，思而不学则殆"。这句话为孔子所指出的一种读书及学习方法误区，指的是一味读书而不思考，就会因为不能深刻理解书本的意义而不能合理有效利用书本的知识，甚至会陷入迷茫。而如果一味空想，不去实实在在的学习和钻研，则终究是沙上建塔，一无所得。这句话告诫我们只有把学习和思考结合起来，才能学到切实有用的知识，否则就会收效甚微。

上面这句话用在主观题中形容看书和做题的关系就再合适不过了。如果我们只是学习知识点，那么充其量也仅仅是掌握了一堆素材，到了考场上不会运用。就好像天龙八部中的虚竹一样，虽然有着几十年的内功，看上去很厉害，但是不能通过招式发挥功效，最后的结果还是谁都打不过。

如果只是做题，学会非常多的技巧和方法，但是没有深厚的内功也就是知识点作为支撑，也仍然是无根之木。因此，看书和做题一样要结合起来综合运用，不可偏废。在备考复习顺序上，还是建议先看书后做题。但是在备考中，有一些细节问题需要进行针对性地把握。

（1）如何更高效地看书

在看书也就是复习知识点环节，给予大家最恳切的建议就是重点掌握主观题冲刺版图书。选择主观题冲刺版图书的意义主要有两点。

①冲刺版图书可以帮你适应主观题考查的最新变化。

法考改革后，司法部对应试者的筛选条件明确为：考查应试者对事实的认定和法律的运用能力，选拔出满足实务需要的法律人才。例如，在商法科目中对主观题的考查是以公司法为基础，企业破产法、票据法等其他商事法律为补充的综合性命题思路。

还需注意，实务案例所涉及的法律领域不仅仅是公司法甚至不仅仅是商法，一个案件的发生不受法律部门划分的影响。实务案例往往涉及多个法律领域、多个学科，需要考生对各种相关法律的知识和原理融会贯通。最常见的公司法案例或商法案例经常甚至必然会涉及《民法典·合同编》《民法典·物权编》等相关内容，甚

至还会涉及行政法的相关知识，如果涉及诉讼，还会融入民事诉讼与仲裁的相关制度。

因此，对以公司法为核心的商法进行学习和研究时，应该进行综合性的法律研究和探讨。在以公司法为核心的前提下，同时兼顾其他联系较为密切的《民法典·合同编》《民法典·物权编》等民法以及民事诉讼与仲裁的相关制度。但是同学们在学习过程中，很难凭借自己的努力复习达到上述的标准。这个时候使用主观题冲刺版图书，可以有效地实现与主观题考查难度的有效衔接，从而适应主观题考查的最新变化。

仍以商法为例，由于商事法律制度与经济生活密切相关，商事审判的理念也在随着经济生活的需要陆续调整，新的司法解释不断涌现。主观题冲刺版图书中会相应地引入最新审判实务观点，吸纳了最高院近期有关热点问题的审判工作会议纪要内容，为同学们提供热点疑难问题的观点和依据。同时，为应对学科交叉的综合性考查，主观题冲刺版图书用专题的形式设置了公司法与民法的交叉、公司法与民诉法的交叉、破产法与民诉法的交叉等学科交叉的板块。通过这种针对性的准备与复习，可以最大限度地拉近你与主观题考查标准的距离，做到充分有效备考。

②删繁就简，最大限度地节省时间并实现有效复习

主观题冲刺版图书对法考主观题能涉考的知识内容，进行了细致的剖析，根据重要程度不同进行删繁就简，详略情况与客观题大有不同。考虑到主观题的复习时间宝贵，而且复习的范围相对有限，选择老师的冲刺版图书可以最大限度地节省时间并实现有效复习，这一点的意义不容忽视。

（2）如何更高效地做题

上文已经明确说明了练习的重要性。但是在实际动笔过程中，为了能够更加高效地进行复习，一些细致环节还是需要进行针对性的把握。

首先是练习的素材，最有练习价值的是法考主观题历年真题和《案例分析指导用书》。

《案例分析指导用书》更加适合复习时间更为充沛的同学。因为这本书中的案例较多，每一个科目都有十几个案例，同时每个案例的案情都非常复杂，很多基础比较薄弱的同学通读下来可能就会头晕脑涨，想要完全梳理清楚其中的来龙去脉非常耗费时间与精力。

更为重要的是，这本书的答案解析中的论证说理非常充分，这无疑说明了编写人的法学功底非常深厚。但是，在实际法考主观题的考场上，同学需要做的仅仅是对题目中的设问做出定性判断，并且简要说理。因此，我们回答在注重语言的规范性和完整性的同时，尽可能的简洁有力，只要能够踩中给分点，就能够拿到对应的

分数。

这个时候，如果盲目追求论证说理的充分，不仅不能提高我们主观题的最终分数，还会白白浪费宝贵的答题时间。

因此在准备的时候，如果时间较为紧张可以仅仅挑选其中对考试参考意义比较大的案例，或者跟一下《案例分析指导用书》，对这本书涉及的重点知识以及案情指向有所了解即可。

相对而言，法考主观题历年真题更加具有练习意义。尤其是在法考改革后命题方向保持稳定的前提下，2018 年、2019 年和 2020 年这三年的真题具有极大的参考价值。这三年真题中，各个科目的分值比重、考查角度、知识范围对参加 2021 年以及后续法考主观题的同学具有非常大的借鉴意义。

还有一点需要注意的是，根据历年真题的出题情况来看，既往已经考查过的知识点在后面重复考查的概率并不大。同学们在用真题进行练习时，应该主要分析命题人的出题思路、考查思路，以及学习老师的解题思路。根据真题中的考查方式进行针对性地复习和准备。通过这种方式，同学才能更高效地进入主观题备考状态，为法考主观题顺利通关做好充足的准备。

主观题规划篇

一、一战考生

对于首次备考主观题的考生来说，面临的最大问题就是备考时间不足。关于备考时间，正常应该是 40 天左右。

例如：2019 年法考客观题考试时间为 8 月 31 日和 9 月 1 日，主观题考试时间为 10 月 13 日。中间有 41～42 天的备考时间。2020 年，原本公布的法考客观题考试时间是 9 月 5 日和 9 月 6 日，主观题考试时间是 10 月 17 日，但是由于新冠疫情的影响，导致考试时间推迟，所以今年的备考时间不具有参考价值，如果按照原定时间，中间有 40～41 天的备考时间。因此，我们可以得出结论，正常年份法考主观题的备考时间应该是 40～42 天。

在短短的一个月时间内，考生要完成 7 个科目（三国法不考主观题）的备考，每科最多只有 6 天复习时间，任务十分艰巨。部分考生为了减轻自己的备考压力，会在 8 月份的时候提前复习主观题；大部分考生会在客观题成绩出来后才开始复习主观题。对于不同类型的考生，本文制订了不同的复习计划。

类型一：8 月开始复习主观题

时间分配

8—9 月，30 分—1 小时/天

复习要点

半年左右的复习，考生对各科知识已经有了系统性的掌握。学有余力的情况下，考生适当地做一些主观题，既不显得突兀，对巩固强化知识点也大有裨益。但是，8 月毕竟属于客观题的冲刺阶段，背诵和模拟机考已经占据了考生大量的时间，留给主观题复习的时间较少。因此，建议考生只做主观题的历年真题。如何在有限的时间内掌握主观题的做题攻略呢？

（1）8 月开始着手主观题的考生，不建议做 2018 年以后的真题。主要是因为法考改革后的题目一般篇幅较长，案情复杂，难度较大。尤其是民商法的部分，跨科目交叉考查，综合性强，甚至出现"夺命13问"，考生花费的时间长做题效果也不明显。因此，2017年之前的题目比较适合此阶段的考生使用。

（2）真题无需做太多。8月考生还是以客观题的备考为主，主观题真题不宜做太多。考生每天晚上可以抽出半个小时到一个小时的时间，做1~2道主观题真题，不建议考生集中在一天做主观题。考生根据自己的实际情况，每科做4~5道题目，就可以对各科主观题的命题方式、分析思路、答题要求有大概的了解，为主观题阶段正式的复习打基础。

（3）不建议考生在8月复习《案例分析指导用书》。主要原因有三：第一，案例数量太多，考生看不完；第二，指导用书中绝大多数题目难度较大，综合性强；第三，个别案例答案解析有瑕疵，考生无法自行鉴别。

类型二：客观题考试结束后复习主观题

时间分配

9—10月，6—8小时/天

复习要求

虽然客观题考试结束后，各个机构都会建议考生立即投入主观题的备考中。但是，大部分考生还是会在客观题成绩出来后才开始复习。一战考生由于备考主观题时间较短，高效地利用时间至关重要。

对于这类考生，建议结合机构的冲刺课程和历年真题复习主观题。

（1）作为官方编著的指导用书，《案例分析指导用书》在主观题考试中有一定的借鉴意义。由于其中的案例综合性强，内容上亦有瑕疵，因此不建议考生自己看。回顾以往的知识点和做真题比看这本书更有效果。

客观题考试结束后，考生一般不会立即着手下个阶段的复习。如果有同学打算提前复习，可以听听老师们在微博上的《案例分析指导用书》带读，在老师的指导下学习此书效果会更好。再者，主观题冲刺图书中的模拟题演练部分，就是名师结合案例指导用书中的案例和最高院的指导案例设计的，可以涵盖重要考点和热门考点。

（2）考生要明确一个观念，主观题和客观题的复习不能割裂开。备考客观题时学到的知识点主观题依然可以用到，而且知识点的范围会大幅度缩小。无论是客观题备考还是主观题备考，都需要听课。但是听课的着重点不一样。客观题时理解知识点是第一位的，但是主观题的备考，老师除了帮助学生回顾知识点外，更重要的是教你主观题的做题技巧。

"绝大多数同学未能通过主观题考试不是因为题目不会做，而是不会答题方法，答题不规范所致。主观题的阅卷一般是采点给分，即阅卷老师是根据评卷标准中给出的得分要点逐一给分的，而同学们答题往往只注重答案的正确，忽略了要点的全面性导致丢分。"① 因此，考生除了背诵知识点以外，也要掌握老师讲授的答题技巧。

（3）主观题备考一定是离不开真题的演练的。很多考生面对综合性的案例常常会不知所措，李佳老师说过：对于案例题的训练需要遵循一个循序渐进的规律，不能盲目跃进，直接一步到位，应当先从小型案例题的训练开始，先将知识拆解、细分成小点，最后再去做综合性的案例。

再者，无论是做真题还是模拟题，都建议考生先自行作答，然后与答案进行比对。但是不要背诵答案或者抄写答案，这样的做法既耗费时间，效果也不好。法考的案例实务性和综合性更强，设问更开放、更贴近实践，且兼顾社会热点问题和理论前沿问题的考查。需要考生对案件事实分析透彻，对知识内容融会贯通，有效地将案情与知识对位衔接并清晰地表达出来。因此，考生需要结合参考答案理清其答题框架，学习运用法言法语答题，使自己的答题更加全面且规范化。

二、二战考生

对于主观题二战的考生来说，千万不要陷入两种极端的复习状态：一是着急投入复习，这部分考生将自己一战的失败归咎于复习时间不足，从而过早投入复习，但是这样做会导致战线过长，后续动力不足；二是过于懈怠复习，这部分考生认为，既然只需要考主观题，那么我到八九月份再准备就来得及，但实际上来不及，这样做会导致后期处于被动学习状态，更不利于通关。所以，主观题的复习既不能过早也不能过晚，建议按照以下规划来进行。

1.6月之前：休息+复盘

很多同学可能会认为6月开始复习主观题，会不会时间太少？其实，从6月开始到10月考试，中间有4个多月，复习时间很充裕，原因如下：

（1）主观题在考查内容上比客观题要少很多。主要体现在：主观题的考查内容是七科，没有三国法，而且理论法中不考法制史，虽然将法理、宪法、司法制度和法律职业道德列入了考纲，但是这几科几乎不考。另外，从历年主观题的真题（包括回忆版）来看，这七科在考查范围上重点很突出，每一个科目都有很多考点注定不会出现在主观题的试卷上。所以整体来看，主观题的考查内容比客观题少得多，没有必要像客观题那样投入过多的时间。

（2）经过前一年对客观题系统完整的学习，这七个科目的知识点已经有了基

---

① 摘自戴鹏《民诉主观题基础版》前言。

础。主观题的考点也是来自这些考点，可以说客观题和主观题在考点上是包含与被包含的关系。二战考生无非是对这些知识点进行二次复习。既然是二次复习，自然就没有必要投入太长的时间。

基于以上两个原因，二战考生6月开始复习就完全来得及。在此之前，好好休息，之前为了客观题，已经辛苦鏖战一年了，身心俱疲，何不趁这段时间放松一下。但是很多考生可能会闲不住，不想休息。那么我建议你可以利用这一段时间复盘一下自己在上一年度备考中的失误。

对于主观题二战的同学，一定要认真反思自己在上一年度备考中的失误所在，及时修正。否则在第二年考试中真的会恶性循环。很多同学有这样一个错误的认识，认为自己考试没过是因为备考时间太短，或者自己不够努力，熬得夜没有别人多，睡得没有别人晚，起得没有别人早。其实不是这样，法考并不是说你备考时间越长越好，更多的是需要有合理的规划以及正确的复习方法。如果规划不合理，复习方法不正确，那你只会在错误的道路上越走越远。所以对于主观题二战的考生来说，复盘是必要的。通过复盘，反思一下自己在备考过程中有哪些失误，一一列举出来，提醒自己在二次备考中千万不要再犯同样的错误。

2.6—7月中旬：民商、民诉精讲+真题案例

具体规划

6—7月中旬，民法，民诉、商法

时间分配

5—6小时/天

复习要点

前面我们提到过关联复习法，由于大家经过客观题阶段系统的学习，对于相关学科的知识点已经熟悉了，所以关联复习具备可操作性。对于二战的考生建议按照民法、民诉、商法这样的先后顺序复习。因为民商一体，这三科的知识点内部关联性很强，而且这三个学科在主观题中的考查方式是综合命题，目前如此，未来恐怕也是如此。所以把这三科放在一起复习既符合考点规律也符合命题规律。具体复习规划如下：

（1）通过精讲课，夯实基础

前面我们已经提过，主观题的考查范围和客观题不同，很多客观题可能会考到的知识点不可能出现在主观题的试卷中。既然如此，如果直接使用客观题阶段的精讲教材作为主观题的备考资料显然不合适，这会导致很多知识点明明主观题不可能考，还要花时间去看，等于是做了无用功。既然如此，我们就迫切需要一本专属于主观题的精讲教材。

主观题精讲教材是专门为二战主观题考生量身打造的精讲类教材，与客观题相比，其在写作内容和写作体例上都有一定的调整。首先，教材删除了大量非主观题考点，使得主观题的复习更具有针对性，避免做无用功；其次，增加了思维导图，帮助考生构建主观题知识体系，更利于二战主观题考生全面、系统地吸收学科知识；最后，增加了学科命题交叉板块，以适应学科融合的考查趋势。主观题精讲系列图书出版时间一般为考试当年4—5月，二战主观题考生6月备考的时候，此图书已经面市，可以购买使用。

提醒大家，每个学科在听课的过程中适当停下来，给自己一定的时间去消化。比如，听完合同编，停下来总结一下，这部分讲了哪些知识点，归纳总结做个笔记，或者画个体系图帮助自己理解记忆。千万不要一个学科一次听到底或者沉溺于一个学科反复听，这两种做法既影响效率也不利于对知识点的消化吸收。

（2）做历年真题，巩固提升

虽然法考改革后，不再公布真题，但是通过对过去两年主观题真题（考生回忆版）的研究，我们发现，法考改革后的真题，很大程度上还是延续了司法考试时代的很多特征。就民商法来说，虽然出现了民商综合出题模式，但是基本上只是形式上的组合，而非实质上的融合。考生根据设问能够判断出考的是哪一科，直接用该科知识作答即可。所以做司考时代的真题并不过时，其中的考点仍然有可能在未来的主观卷上重复考查。

关于图书，建议大家使用真题破译，这系列书一般收录8—10年的真题，个别学科根据特点可能会收录更多年份的真题。为什么建议大家用这系列图书呢，主要有以下几个原因：

①民商法的题目往往会涉及多方当事人、多种法律关系，尤其是民法，往往若干主体之间既涉及合同法律关系又涉及担保法律关系，还有可能加入侵权法律关系，法律关系错综复杂。为了理清其中的法律关系，就需要大家在草稿纸上画关系图。由于市面上很多真题书只是给出了答案、解析，没有或者很少给出关系图，这就导致很多同学画了体系图后，不知道自己画得对不对，有没有遗漏，心里没底。对此，本图书对于复杂案例基本上都有非常详细的关系图，帮助大家理顺其中错综复杂的法律关系，为大家做题提供强大助力。

②很多同学在做主观题的时候，遇到的最大障碍是读了这句话，不知道它想考的是什么知识点。换句话说欠缺破译题干的能力，无法迅速地锁定知识点。对此，此书在案情之后紧接着设置了一个模块："题干信息逐项解读"。按顺序提取案情中的关键词、关键句，定位背后的考点以及考点涉及的法条，除此之外还包括对考点的延伸解读，考生不用再翻精讲卷教材去看考点的内容，直接看考点延伸就可以，

非常方便实用。

③和主观题精讲教材一样，此系列书也有配套免费视频课程，通过听课，跟着老师学习如何分析案情、如何使用法言法语、如何书写答案等等，听课与做题相结合，更有利于大家理解知识点，使大家的答题更加规范，更加有条理。

3.7 月中旬—8 月：刑法、刑诉、行政法精讲+真题案例

具体规划

7 月中旬—8 月，刑法、刑诉、行政法

时间分配

6—8 小时/天

复习要点

建议大家按照刑法、刑诉、行政法这样的先后顺序来复习。刑法和刑诉这两科与民法和民诉一样，都是一个实体法，一个程序法。按照学习规律，要先学实体法再学程序法。对于行政法来说，全称是行政法与行政诉讼法，所以这是一个既包含实体法也包含程序法的学科。行政诉讼法部分绝大部分内容和民事诉讼法一样，由于此时我们已经完成了民事诉讼法的复习，所以学习行政诉讼法应该会轻松很多。所以这三个学科按照这个先后顺序复习是比较科学的。具体复习规划如下：

（1）通过精讲课，夯实基础

和民商阶段的学习一样，建议大家可以使用主观题基础版教材，通过听课加看书，加深对知识点的理解，强化对考点的记忆。听课的时候可以适当加速，1.25 倍或者 1.5 倍速都可以，根据自己的实际情况来确定。在听课过程中适时停下来做总结，以便及时消化吸收知识点。比如刑法，听完犯罪构成，停下来做个小总结，这部分都包括哪些内容，它们之间是什么关系。听完整个犯罪论，停来下做一个大总结，这时候你会对犯罪论各组成部分之间的逻辑关系更加清晰。对分则重点罪名的构成要件要做到烂熟于心，这些都是主观题的高频考点。

（2）做历年真题，巩固提升

做这三个科目的真题要注意以下几点：

①这三个科目的真题在主体和法律关系方面，没有民商法那么错综复杂。基本上不需要画法律关系图。但是对于刑法而言，一旦遇到综合分析式的题目，就很棘手。与民法不同，民法是各主体之间相互交叉，并列存在多个法律关系，属于横向法律关系。但是刑法，横向的法律关系只有一种，那就是共犯，常见的是每个主体实施一个或者多个行为，需要对这些行为进行定罪与量刑方面的分析，更像是一种纵向的法律关系。在对这类题目进行分析的时候，一定要找一张草稿纸，对每一个主体所实施的行为进行分析。例如，甲实施了三个行为，每一个行为是否构成犯罪、

构成何罪、犯罪形态如何、是否与他人存在共犯、是否存在数罪并罚,是否存在自首、立功等情形等等,一一进行分析,不可遗漏。

②在做真题的过程中一定要注意归纳总结考点,和民商事法律相比,这三个科目"重者恒重"的特点更加明显。比如刑法,共同犯罪基本上每年必考,事前故意、构成要件提前实现、非法拘禁罪、抢劫罪、绑架罪、诈骗罪、贪污罪、受贿罪都是主观题的高频考点。刑诉的主观题基本是围绕管辖、证据、侦查、审判出题。再如行政法,基本上是围绕行政处罚、行政许可、行政复议和行政诉讼出题。所以,在做题的时候注意对这些知识点归纳总结,熟练掌握,才能稳操胜券。

③刑法基本上每年都会考开放性题目,所以大家在做历年真题的时候,对于已经考过的观点展示题目,一定要掌握,千万不要认为考过的题目就不会再考了。完全有可能重复考查,例如事前故意、构成要件的提前实现、死者占有问题在主观题中都有重复考查过。

4. 9—10 月:背诵+练习

具体规划

9—10 月,背诵六大部门法,练习主观题

时间分配

6—8 小时/天

复习要点

进入 9 月以后,建议大家把主要精力放在背诵和练习上,课不是说完全不听,对于背诵和练习有直接帮助的课程可以听。

(1)关于背诵,强调以下几点:

①关于背诵的内容,大家优先背诵历年真题考过的知识点,因为根据"重者恒重"的规律,这些考点有可能会重复考查,其次要背诵尚未考过的,但是属于高频考点、新增考点、热点的内容,强化记忆。

②关于背诵的方法,大家一定要在理解的基础上进行背诵,如果知识点都不理解,死记硬背既耗费时间,效果也不好,考试的时候稍微变化一下你就懵了。所以一定要先理解了再背诵,这样背诵才更有效率。

③关于背诵的时间,大家根据自己的实际情况把握,建议大家可以把早起、饭后、睡前这样的零碎时间利用起来,并且形成习惯。在背诵的过程中肯定会伴随着遗忘,这是正常现象,千万不要因为遗忘就放弃记忆,我们要做的就是不断地重复重复再重复,最终记住知识点。当然了,如果有一起学习的伙伴,互相之间可以通过提问的方式回顾知识点,加深记忆。

④关于背诵的资料,我建议大家可以使用主观题冲刺版,这系列图书包含知识

点回顾、方法论指引和模拟题演练三部分内容。其中的知识点回顾部分，老师会依据学科特点采用各种内容元素带领考生快速回顾主观题可能考查到的知识点，这完全可以作为我们主观题背诵的资料。

⑤说到背诵，就不得不提到中国特色社会主义法治理论的论述题，这道题大家一定要重视，无论是从分值上还是从备考难度上来说，论述题都应该成为我们主观题备考的核心学科。从分值上来看，论述题分值在整张试卷中一直稳居前列，仅次于民商大综合题。从备考难度上来看，法考改革后，论述题命题素材较为固定，出题中规中矩，难度适中。所以，对于论述题，完全可以通过考前训练拿到不错的分数。对于中国特色社会主义法治理论的论述题，大家可以直接使用主观题冲刺版作为背诵教材，涉及中国特色社会主义法治理论的部分，已经对主观题可能考到的内容进行了梳理，内容更精练，更适合考生背诵。

（2）关于练习，强调以下几点：

主观题和客观题相比，对考生能力的要求是不同的。客观题本质上是判断题，考查的是考生的判断能力，判断的依据是题干和四个选项，选项对考生而言，具有一定的提示和引导的作用，所以作答难度较低。但是主观题不同，主观题本质上是思路题，考查的是考生的分析能力和表达能力。所谓分析能力，就是要求考生能够在阅读案情的过程中提炼出关键词、关键句，并且能够将这些关键词、关键句和对应的考点联系起来。当然，光会分析还不够，还需要写出来。这考验的是考生的表达能力，要求考生能够将命题人希望看到的答案简明扼要、条理清晰、语言规范地写在答题区。分析能力和表达能力不是通过听课看书能够提升的，必须要练，通过做大量的案例，反复练习才能够提升。

①关于练习的资料，建议大家可以使用两本资料，第一本主观题冲刺版教材，前面已经提到了，这系列图书包含知识点回顾、方法论指引和模拟题演练三部分内容。其中知识点回顾可以作为考点背诵素材。剩下的方法论指引部分和模拟题演练部分都是练习所需要的素材。其中方法论指引部分，各科老师会根据历年真题总结出主观题考查的规律，归纳应试技巧。而模拟题演练部分，是各科老师依照真题的考查形式，将有命题意义的现实案例改编成模拟题，基本能涵盖重要考点和热门考点。第二本是点睛密卷，这系列图书是在法考新考查模式下，依据真题的命制方式进行编写的案例，使考生在考前能有效地适应法考时代的综合性考查方式，突破应试瓶颈。

②关于练习的具体要求：

A. 对于案例分析题，一定要先看设问，搞清楚问什么，然后带着问题浏览案情，这样就可以使阅读案情更具有针对性，避免无效信息的干扰。

B. 认真梳理案情，以人物为主线，将涉及的案件事实及其法律关系利用图示梳理清楚，以便定位相关的考点。

C. 一定要动手写，既可以用笔写，也可以电脑打字，不要直接看答案，先自己写，写完了再和答案对比，只有这样才能发现自己哪里掌握得不好，才能及时修正。

D. 答题时一定要格式规范，以刑法综合分析式题目为例，一般是以人物为主线，分段落表述，每个人的刑事责任自成一段。对于设问，先给结论，开门见山，再给理由，千万不要把结论和理由混为一谈。

E. 答案要简明扼要，不要繁杂冗长，不要把答案写成了答案+解析。

F. 语言表述要规范，要使用法言法语，拒绝使用大白话。

附录一 | APPENDIX 历年主观题分值统计

科目	年份	考点	分值
中特	2020	法治对促进国家治理体系治理能力现代化的作用	32
	2019	法治政府建设在全面依法治国中的重要意义以及新时代法治政府建设的根本遵循	38
	2018	结合自己的实际工作和学习，谈谈坚定不移走中国特色社会主义法治道路的核心要义	38
	2017	结合自己对中华法文化中"天理、国法、人情"的理解，谈谈在现实社会的司法、执法实践中，一些影响性裁判、处罚决定公布后，有的深获广大公众认同，取得良好社会效果，有的则与社会公众较普遍的认识有相当距离，甚至截然相反判断的原因和看法	22
	2016	结合依宪治国、依宪执政的总体要求，谈谈法律面前人人平等的原则对于推进严格司法的意义	20
刑法	2020	1. 行贿受贿；2. 故意伤害；3. 打击错误；4. 具体符合说；5. 法定符合说	34
	2019	1. 共犯脱离；2. 事前通谋的共犯；3. 因果关系错误；4. 骗取贷款罪；5. 诈骗罪与合同诈骗罪的区别；6. 斡旋受贿；7. 准自首；8. 占有的认定；9. 信用卡诈骗罪；10. 立功；11. 部分犯罪共同说；12. 结果加重犯；13. 抢劫罪；14. 自首；15. 诉讼时效	36
	2018	1. 盗窃罪与诈骗罪的区别；2. 非法拘禁罪的结果加重犯；3. 故意杀人罪和故意伤害致人死亡的区别；4. 共犯过剩	30
	2017	1. 共同犯罪中的分工；2. 实行过限；3. 非法拘禁罪；4. 诈骗罪	22
	2016	1. 共同犯罪中的分工；2. 间接正犯；3. 诈骗罪；4. 侵占罪；5. 抢劫罪；6. 敲诈勒索罪	22

刑法	2015	1. 具体事实认识错误；2. 共同犯罪中的犯罪中止；3. 盗窃罪；4. 侵占罪；5. 信用卡诈骗罪；6. 掩饰、隐瞒犯罪所得罪	23
	2014	1. 共同犯罪中的分工；2. 自首；3. 立功；4. 贪污罪；5. 行贿罪；6. 受贿罪；7. 为亲友非法牟利罪；8. 掩饰、隐瞒犯罪所得罪	22
	2013	1. 因果关系判断；2. 假想防卫；3. 抢劫罪；4. 盗窃罪；5. 侵占罪；6. 介绍贿赂罪；7. 行贿罪共犯；8. 利用影响力受贿罪	22
	2012	1. 不作为犯；2. 因果关系；3. 实行过限；4. 盗窃罪；5. 故意毁坏财物罪；6. 受贿罪；7. 利用影响力受贿罪；8. 国家工作人员的认定	22
	2011	1. 牵连犯；2. 自首；3. 立功；4. 绑架罪；5. 诈骗罪；6. 侵占罪；7. 敲诈勒索罪	22
刑诉	2020	1. 网络犯罪管辖权；2. 电子证据的收集、审查；3. 公诉人举证、质证方式；4. 价格认定书；5. 非法证据排除规则	30
	2019	1. 监察委的监察对象；2. 检察院自侦案件受案范围；3. 审判阶段认罪认罚	27
	2018	证据—证明综合考查	30
	2017	1. 审判监督程序；2. 二审	21
	2016	1. 司法协助；2. 证据-排非；3. 证明—疑罪从无；4. 二审	22
	2015	1. 证据—排非；2. 证明—疑罪从无；3. 论述部分—以审判为中心诉讼制度改革	26
	2014	1. 特别程序—强制医疗；2. 附带民诉	22
	2013	1. 证据—排非；2. 侦查—技术侦查；3. 强制措施—监视居住	22
	2012	1. 证据—排非；2. 证据—工具价值	28
	2011	1. 证据—排非；2. 证明—疑罪从无	22
民法	2020	1. 保证责任；2. 混合担保；3. 赠与合同；4. 担保物权（抵押权、质权）；5. 撤销权	29

民法	2019	1. 代物清偿协议；2. 不动产物权的变动；3. 债权人撤销权；4. 夫妻共同债务	21
	2018	1. 建设工程施工合同中的法定优先权；2. 不动产物权的变动；3. 保管合同；4. 无权代理；5. 任意解除权；6. 表见代表；7. 虚假的意思表示；8. 流押条款；9. 法定解除权	27
	2017	1. 合同性质的判定；2. 质权；3. 共同保证；4. 合同的效力；5. 基于法律行为的物权变动；6. 买卖合同的风险负担；7. 保险标的的转让	20
	2016	1. 合同性质的判定；2. 基于法律行为的物权变动；3. 合同的效力；4. 留置权；5. 用人者责任；6. 机动车道路交通事故责任；7. 破产受理的法律效果	22
	2015	1. 预约合同；2. 违约责任；3. 预告登记；4. 混合担保；5. 合同的效力；6. 善意取得；7. 诉讼时效	21
	2014	1. 基于法律行为的物权变动；2. 合同的效力；3. 情势变更；4. 用人单位责任	22
	2013	1. 出租人及承租人的权利义务；2. 次承租人的代为求偿请求权；3. 产品责任；4. 用人者责任	22
	2012	1. 公合同性质的判定（无名合同）；2. 债务承担	22
	2011	1. 动产浮动抵押；2. 共同抵押；3. 合同的效力；4. 双务履行合同的抗辩权；5. 合同的解除；6. 违约金	19
民诉	2020	1. 管辖制度；2. 保证人的诉讼地位；3. 专家辅助人	20
	2019	1. 第三人救济制度；2. 执行异议	25
	2018	1. 仲裁决议的效力；2. 仲裁裁决的撤销；3. 二审变更诉讼请求；4. 指定管辖；5. 破产申请诉讼；6. 重复起诉	17
	2017	1. 主管和管辖—地域管辖；2. 当事人—当事人适格；3. 证明—证明责任分配；4. 二审—二审裁判	19
	2016	1. 当事人—当事人适格；2. 证明—证明责任分配；3. 审判监督程序—再审审理程序；4. 审判监督程序—当事人申请再审	22

民诉	2015	1. 执行程序—执行异议之诉；2. 第三人撤销之诉与执行异议、再审之间的关系	22
	2014	1. 当事人—第三人撤销之诉；2. 执行程序—执行和解；3. 执行程序—参与分配；4. 执行程序—执行救济程序；5. 执行程序—执行异议之诉	20
	2013	1. 基本制度—合议制度；2．一审—起诉状格式；3．一审—判决书格式；4. 简易程序—适用情形；5. 二审—二审的调解与和解；6. 二审—二审裁判	25
	2012	1. 基本原则—辩论原则；2. 主管和管辖—地域管辖；3. 证据—证据的分类；4. 二审—二审裁判	20
	2011	1．当事人概念；2. 当事人适格；3. 诉讼代理人—委托代理人；4. 证据—证据的种类	19
商法	2020	1. 股东会决议效力；2. 定向增资；3. 股权转让；4. 股东会职权	35
	2019	1. 股东的持股及出资比例；2. 股权代持；3. 公司增资；4. 股权质押	35
	2018	1. 认缴资本制；2. 股权代持；3. 货币出资；4. 股东出资；5. 瑕疵出资的股权转让；6. 案外人对执行标的的异议；7. 股东责任；8. 股权转让	38
	2017	1. 公司的组织机构；2. 减资（增资）程序；3. 异议股东回购请求权；4. 公司解散与清算	21
	2016	1. 出资与出资瑕疵；2. 股权转让（瑕疵股权）；3. 公司债务清偿（结合民法考查）	18
	2015	1. 增资（减资）程序；2. 公司债务清偿	18
	2014	1. 股东资格的判断；2. 实际出资人与名义股东；3. 破产债权的申报；4. 破产财产的追回	18
	2013	1. 公司的设立（设立中的公司）；2. 出资与出资瑕疵后果；3. 抽逃出资与垫资的区分；4. 股权转让	18

续表

商法	2012	1. 公司组织机构（股东会）；2. 超越权限订立的合同的效力；3. 股权质押；4. 出资（股权）；5. 股权转让；6. 公司解散与清算	18
	2011	无	
行政法	2020	1. 行政协议；2. 行政诉讼被告；3. 政府信息公开	28
	2019	1. 行政诉讼受案范围；2. 行政许可与行政确认的概念；3. 行政行为改变；4. 准予撤诉的条件；5. 行政诉讼二审的审理对象；6. 行政诉讼和行政复议受案；7. 一审判决	27
	2018	1. 行政处罚和行政强制措施的概念；2. 行政强制执行的实施主体和程序；3. 被告资格；4. 起诉期限；5. 行政首长出庭制；6. 举证责任	28
	2017	1. 行政许可的规定权；2. 行政处罚中的先行登记保存；3. 行政处罚听证程序；4. 行政诉讼参与人的确定；5. 行政法基本原则之高效便民（论述题）	23
	2016	1. 行政许可的延续；2. 行政强制措施与行政处罚的区分；3. 政府信息公开的意义（论述题）；4. 行政诉讼规范性文件的附带审查；5. 行政法基本原则之程序正当（论述题）	24
	2015	1. 行政许可；2. 行政诉讼：（1）参与人的确立；（2）受理立案程序；（3）审理程序	20
	2014	1. 行政处罚的听证程序；2. 高效便民原则（论述题）	26
	2013	1. 依申请公开的政府信息；2. 行政复议的审理程序；3. 行政诉讼：（1）受案范围；（2）政府信息公开案件	21
	2012	行政诉讼：（1）受案范围；（2）管辖规则；（3）参与人的确定；（4）审理程序	22
	2011	1. 行政许可的种类；2. 行政诉讼：（1）受案范围；（2）管辖规则；（3）参与人的确定；3. 国家赔偿之司法赔偿	22

学科顺序式复习规划表 APPENDIX 附录二

学科顺序式复习规划表

学科	主要内容	第一轮 第一阶段 （12—次年 4 月）	第一轮 第二阶段 （5—6 月）	第二轮 第一阶段 （6—7 月）	第二轮 第二阶段 （7—8 月）
民法	民法总则编	√			
	物权编	√			
	合同编	√			
	人格权编		√		
	婚姻家庭编		√		
	继承编		√		
	侵权责任编	√			
刑法	刑法基础知识论	√			
	犯罪论	√			
	刑罚论		√		
	危害国家安全罪		√		
	危害公共安全罪		√		
	破坏社会主义市场经济秩序罪		√		
	侵犯公民人身权利、民主权利罪	√			
	侵犯财产罪	√			
	妨害社会管理秩序罪		√		
	危害国防利益罪		√		
	贪污贿赂罪	√			

第二轮第二阶段（7—8 月）：背诵记忆（全科）

续表

刑法	渎职罪		√	
	军人违反职责罪		√	
行政法	行政法概述	√		
	行政主体	√		
	公务员法	√		
	具体行政行为概述	√		
	行政许可	√		
	行政处罚	√		
	行政强制	√		
	政法信息公开	√		
	行政程序	√		
	行政争议法总论	√		
	行政诉讼	√		背诵记忆（全科）
	行政复议	√		
	国家赔偿		√	
刑诉	请参见备注		√	
民诉	请参见备注		√	
商法	公司法		√	
	合伙企业法		√	
	个人独资企业法		√	
	外商投资法		√	
	企业破产法		√	
	票据法		√	
	证券法		√	
	保险法		√	
	海商法		√	

续表

经济法	竞争法		√	
	消费者法		√	
	商业银行及银行业监督管理法			√
	财税法			√
	土地和房地产管理法			√
劳动与社会保障法	劳动法		√	
	社会保障法		√	
环境与自然资源	环境保护法			√
	森林法			√
	矿产资源法			√
知识产权	著作权法		√	
	专利法		√	
	商标法		√	
理论法	法理学			√
	宪法学			√
	中国特色社会主义法治理论			√
	法制史			√
	司法制度与法律职业道德			√
三国法	国际法			√
	国际私法			√
	国际经济法			√

背诵记忆（全科）

备注：民诉和刑诉需要全面复习，鉴于二者内容较多，在此不一一列举

众合法考 2021 年 "客观题学习包" 免费课堂课程安排

理论先修阶段	教学内容	各科主讲老师简明扼要的讲授部门法纲领性内容，搭建部知识框架。				
(理论筑基——简明扼要的讲授部门法纲领性内容，培养法学逻辑思维能力)	教学目标	使考生初步形成对法考的认知，培养法学逻辑。				
	课程安排	部门法	授课老师	课时	配套图书	上传时间
		民法	孟献贵	2 天	专题讲座·先修卷	2021 年 11 月开始陆续上传
		刑法	徐光华	2 天		
		行政法	李佳	2 天		
		民诉法	戴鹏	2 天		
		刑诉法	左宁	2 天		
		商经知	郄鹏恩	2 天		
		理论法	马峰	2 天		
		三国法	李曰龙	2 天		
专题强化阶段	教学内容	各科主讲老师全面系统的讲授部门法内容，构建各学科知识体系，深入学习法学理论。				
(夯实基础——全面系统的讲授部门法知识点，构建各学科知识体系)	教学目标	让考生树立体系思维，掌握重点难点内容。				
	课程安排	部门法	授课老师	课时	配套图书	上传时间
		民法	孟献贵	8 天	专题讲座·精讲卷	2021 年 1 月中旬开始陆续上传
		刑法	徐光华	8 天		
		行政法	李佳	6 天		
		民诉法	戴鹏	4 天		
		刑诉法	左宁	7 天		
		商经知	郄鹏恩	7 天		
		理论法	马峰	7 天		
		三国法	李曰龙	4 天		
题库破译阶段	教学内容	通过对 10 年真题的全面讲解，归纳考试重点和规律，掌握考试方向，学会一道题，做对一类题。				
(真题为王——透视命题规律，做到举一反三，真正把题做"透")	教学目标	让考生了解考试规律，知道学习的重点，培养解题思路，学会解题技巧。				
	课程安排	部门法	授课老师	课时	配套图书	上传时间
		民法	孟献贵	3 天	专题讲座·真金题卷	2021 年 3 月中旬开始陆续上传
		刑法	徐光华	3 天		
		行政法	李佳	3 天		
		民诉法	戴鹏	2 天		
		刑诉法	左宁	3 天		
		商经知	郄鹏恩	3 天		
		理论法	马峰	2 天		
		三国法	李曰龙	2 天		
背诵突破阶段	教学内容	对比梳理考点，总结归纳规律性质知识内容，深化拔高。				
(精华背诵——系统化梳理考点，总结归纳规律性质知识内容)	教学目标	帮助考生在复习后期，全面快速的回顾考点，提高应试能力。				
	课程安排	部门法	授课老师	课时	配套图书	上传时间
		民法	孟献贵	4 天	专题讲座·背诵卷	2021 年 6 月下旬开始陆续上传
		刑法	徐光华	4 天		
		行政法	李佳	3.5 天		
		民诉法	戴鹏	3 天		
		刑诉法	左宁	4 天		
		商经知	郄鹏恩	4 天		
		理论法	马峰	4 天		
		三国法	李曰龙	3 天		

注：课程上传时间如有变动，请以官网实际上传时间为准

听课方式

①电脑听课 众合官网（www.zhongheschool.com）-选择众合法硕-选择公开课；B 站：UP 主-众合教育

②手机听课 下载竹马法考 APP -选择学习-选择公开课 下载众合在线 APP -选择众合法硕-选择公开课

官网咨询热线 400-6116-858

众合法考 2021 年面授教学计划

系列班次	班次名称	课程类型	时间跨度	标准价格	2021 学年"年前特惠"计划			2021 年"梦想之旅"阶段性特惠计划				
					校园特惠月	年前特惠	新春特惠	点亮梦想	追逐梦想	拥抱梦想	完美冲刺	决战今朝
					9.01–10.12	10.13–11.23	11.24–2.02	2.03–3.08	3.09–4.05	4.06–6.21	6.22–8.02	8.03–10.01
高端系列	众合尊享私教	脱产	3.16–8.25	128000	86800	88800	92800	96800	98800	无优惠，客观题不过，退费。		
	众合 VIP 私教	脱产	3.16–8.25	49800	38800	40800	42800	45800	48800	无优惠		
	方圆旗舰 A 班	脱产	4.14–8.25	64800	46800	49800	52800	55800	无优惠，客观题不过，重读方圆旗舰 B 班。			
	方圆旗舰 B 班	脱产	4.14–8.25	42800	30800	32800	34800	36800	38800	40800	无优惠	
集训系列	先锋集训班	脱产	5.12–8.25	28880	21080	22580	24080	25580	27080	28000	无优惠	
	先锋冲关班	脱产	6.08–8.25	12800	10680	10880	11080	11280	11480	11680	无优惠	
	暑期冲关班	脱产	7.08–8.25	10880	8380	8580	8780	8980	9180	9480	9780	无优惠
冲刺系列	冲刺点睛班	脱产	8.18–8.25	3480	无优惠							
	冲刺密卷班	脱产	8.28–8.29	5280	3480 不过不退费，5280 不过全退							
周末系列	周末全程班	周末	3.06–8.25	12380	9080	9480	9880	9980	无优惠			
	周末提升班	周末	3.06–8.15	9880	7080	7480	7880	7980	无优惠			
	大学生长训班	周末+暑期	3.06–8.25	16800	11180	13280	13380	13580	13780	13880	13980	14080
主观系列	主观题案例长训班	脱产	8.02–10.07	19800	13800	14800	15800	16800	17800	18800	19000	无优惠
	主观题旗舰集训班	脱产	9.10–10.07	12380	9380	9880	10380	10880	11380	11880	12080	无优惠
	主观题精品突破班	冲刺	10.01–10.07	8380	4980	5580	6180	6780	7380	7680	7980	8380
	主观题案例技巧班	冲刺	10.08	580	无优惠							
	主观题点睛密卷班	冲刺	10.09–10.10	5280	5280 不过全退，3180 不过不退							

众合法考 2021 年网授教学计划

客观题班次

课程名称	课程区间	标准价格	10.21-12.27	12.28-3.13	3.14-4.14	4.15-6.05	6.06-7.09	7.10-8.24	8.25-9.12
法考旗舰全程班	3.13-10.13	16800	8280	8480	8680	9080	9480	10280	10480
		客观题不过免费重读2022年客观题旗舰全程							
客观题旗舰全程班	3.13-08.25	7880	4480	4580	4880	5080	5280	5480	5680
法考精品全程班	4.10-10.13	11380	无优惠（不收6180，其余全退）						
客观题精品全程班	4.10-8.25	6380	3980	4180	4380	4780	4980	无优惠	
法考畅学全程班	3.20-10.13	22880	18680	19680	20680	无优惠			
		赠送学习包，不过重读法考旗舰全程班（重读不再享受法考旗舰全程班次政策）。							
客观题畅学全程班	3.20-8.25	14880	8380	8580	8880	10080	10280	10480	10680
客观题夏日抢分班	5.18-8.25	12800	无优惠						
客观题暑期精品班	7.12-8.25	9800	无优惠						
客观题冲刺点睛班	8.18-8.25	1680	无优惠						
客观题冲刺密卷班	8.31-9.1	3480	无优惠（3480不过全退，2080不过不退）						

主观题班次

课程名称	课程区间	标准价格	即日起-2.5	2.6-3.13	3.14-4.14	4.15-4.30	5.1-5.15	5.16-6.5
主观题百日冲关班	6.05-10.09	12800	8280	8380	8880	9080	9680	10080
		4.20日前报名；报班赠送客观题精讲卷七卷本，三国法除外。						
主观题60天冲关班	8.10-10.09	10800	8800				9800	
主观题旗舰集训班	9.14-10.09	9,800	6,480	6,680	6,880	无优惠		
主观题案例点睛班	10.03-10.09	5,980	3,880				4,880	无优惠
主观题案例密卷班	10.12-10.13	2,980	无优惠（4980不过全退，2980不过不退）					
主观题案例技巧班	10.1	580	无优惠					
主观题案例提升班	10.03-10.13	7,480	5,680				6,080	无优惠

一对一班次

课程名称	课程区间	标准价格	11.1-12.1	12.2-3.15	3.16-4.10	4.11-4.25	4.26-7.08
私教一对一	随报随学-10.13	59,700	47,700	51,700	55,700	无优惠	
		赠送客观题学习包（客观不过，收取1000元服务费；客观通过，主观不过，收取19800）					
全程一对一	3.13-10.13	20,700	无优惠，赠送客观题学习包（客观不过，重读2022旗舰全程班主观不过，重读2022网络主观题提升班）				
主观一对一	随报随学-10.10	26,800	21,800	22,800	23,800	24,800	
		限额招生，招满即止，不过退费					
		赠送主观学习包，主观题不过仅收1000元资料费。					

众合全国分校咨询电话

序号	分校名称	咨询电话
01	北京众合	15511383383
02	上海众合	13661802541
03	广州众合	15992401274
04	天津众合	13752327078
05	济南众合	18663708655
06	保定众合	18101073995
07	唐山众合	18630507911
08	石家庄众合	0311-8926 5308
09	青岛众合	18669705081
10	太原众合	18835102114
11	沈阳众合	024-3151 6012
12	哈尔滨众合	17611039099
13	大连众合	15842658825
14	长春众合	18604303152
15	杭州众合	0571-8826 7517
16	南京众合	025-8479 8105
17	福州众合	0591-87821126
18	合肥众合	0551-6261 7728
19	徐州众合	18626007405
20	深圳众合	13717089464
21	南宁众合	13377183019
22	海口众合	15289735847
23	武汉众合	027-8769 0826
24	郑州众合	15670623227
25	长沙众合	13677369057
26	南昌众合	0791-86426021
27	西安众合	18691896468
28	兰州众合	18691819574
29	呼和浩特众合	15147157978
30	成都众合	15208448426
31	重庆众合	15825932808
32	贵阳众合	0851-8582 0974
33	昆明众合	18687506473
34	银川众合	18709605353
35	西宁众合	18997222862
36	乌鲁木齐众合	18999939621
37	华东市场拓展部	13851436246
38	加盟事业部	13701200741